丛书编委会

大家精要

王阳明

孙婧　张祥浩　著

陕西师范大学出版总社

Wang yangming

图书代号 SK16N1500

图书在版编目（CIP）数据

王阳明/孙婧，张祥浩著.—西安：陕西师范大学
出版总社有限公司，2017.1（2024.1重印）
（大家精要）
ISBN 978-7-5613-7660-7

Ⅰ.①王… Ⅱ.①孙… ②张… Ⅲ.①王阳明
（1472—1529）—传记 Ⅳ.①B248.2

中国版本图书馆CIP数据核字（2016）第321031号

王阳明　WANG YANGMING

孙　婧　张祥浩　著

责任编辑	焦　凌	
责任校对	王雅琨	
封面设计	张潇伊	
出版发行	陕西师范大学出版总社	
	（西安市长安南路199号　邮编710062）	
网　　址	http://www.snupg.com	
印　　制	永清县晔盛亚胶印有限公司	
开　　本	650 mm×930 mm　1/16	
印　　张	10	
字　　数	100千	
版　　次	2017年1月第1版	
印　　次	2024年1月第2次印刷	
书　　号	ISBN 978-7-5613-7660-7	
定　　价	45.00元	

读者购书、书店添货或发现印刷装订问题，请与本公司销售部联系、调换。

电话：（029）85303879　　传真：（029）85307864　85303629

目　录

前　言

　　王阳明（1472~1528），名守仁，字伯安，号阳明，浙江余姚人，是我国古代著名的思想家，儒家心学学派的代表人物。在古代，人们往往把立功、立德、立言视为人生的最高境界，称为"三不朽"。立功是指建立政治功业，立德是指为世人树立道德楷模，立言是指为后世留下著作。但一般人很难达到这一境界，先秦的孔子、孟子、荀子可以说是做到了立德和立言，但并没有建立政治功业；汉代的董仲舒，宋代的程颢、程颐和朱熹也可以说是做到了立德和立言，但也没有建立政治功业。在儒学思想家中，只有王阳明兼有立功、立德和立言的特点，被后世的学者称为"完人"。不仅在当时，而且在后世；不但在中国，而且在世界各地，特别是在日本，他都有着广泛而深远的影响。

第1章

家世和少年

一、诗书家世

关于王阳明的先世，他的学生钱德洪所作《年谱》，他的朋友湛若水所作《阳明先生墓志铭》和朋友黄绾所作《阳明先生行状》，都追溯到晋代光禄大夫琅玡王览。王览的曾孙王羲之迁移到浙江山阴，王氏家族于是居住山阴。《年谱》说，王览的二十三世孙迪功郎王寿又从山阴迁移到余姚，所以王氏家族又为余姚人。但是，以王览为阳明的远祖，只是为着说明阳明的成功有其家世的渊源，至于阳明是否真是晋代王览之后则很难断定。而王寿，在山阴县志和余姚县志里也没有记载。如果王寿官至迪功郎又是阳明先祖的话，在县志里是应有记载的。因此，在阳明的先世中，有无王寿这个人也很难断定。

阳明的家世有可靠资料记载的，始于其高祖的祖父王纲。王纲字德常，有文武之才，擅长评论人物。明洪武四年（1371），因刘伯温的推荐，王纲被征召到京师任兵部郎中。后来，他被提拔为广东参议，在增城死于国难。其子王彦达当时才十六岁。洪武二十四年，明朝廷在增城为王纲建庙，褒彰他的忠烈。明世宗嘉靖七年，阳明在平定广西思田之乱后回山阴，曾绕道增城祭祀，对祖先表达了无限的敬仰和怀念。

阳明的高祖的父亲王彦达，号秘湖渔隐，一生过着隐居生活。洪武二十四年，朝廷下诏书录用彦达，但他深痛父亲以忠死，对做官不感兴趣，不应征召。他一生粗衣恶食，躬耕养母，并取先世遗留下来的书对儿子王与准说："记住，勿废弃先人事业，我并不期望你将来做官！"

阳明的高祖王与准，字公度，继承家学，对《礼》《易》都有研究。受父亲的影响，他也终身不做官。当时朝廷督促地方访求遗贤，想起用与准。与准就逃入四明山，从山崖上摔下跌伤了脚。与准认为如果不是跌伤了脚，就不可能实现隐遁的愿望，于是给自己起了个"遁石翁"的号。

阳明的曾祖王杰，是与准的第二子。因为先世门前植有三棵槐树，就自号槐里子，学者称为槐里先生。槐里亦淡于名利，而热衷学问。明宣德年间，朝廷要地方贡举民间有才能之士，地方官要王杰应召，而他以父年老辞让。到了父母相继过世，他才勉强应召入太学，不久即病亡。

阳明的祖父王伦，字天叙，生性爱竹，所居之处四周皆种竹，学者称之为竹轩先生。竹轩在家乡以教书为业，于书无所不读，又好诗词与弹琴，而淡于名利，时人把他比作陶靖节、林和靖一类隐居的人物。在阳明的祖先当中，竹轩是对阳明有直接影响的人。阳明幼小时，常在竹轩身旁听讲，且加默记。阳明少年，豪迈不羁，他的父亲深为忧虑，而竹轩则深深地了解这个孙子将来会有所作为。阳明做官后，不管是在京师还是在江西，常牵挂着祖父，可见他与祖父关系的密切。

竹轩的夫人岑氏，信佛教，有贤惠之名。王、岑夫妇有子三人：长子王荣，号半岩；次子王华，即阳明父；三子王衮，字德章。据说生王华时，祖母梦其姑抱着一个绯衣玉带的孩子送给她说："你很孝顺我，孙妇也很孝顺你，吾与你祖求于玉帝，以这个孙子给你，世世荣华无比。"这当然是一种传说，但足以说明王氏对王华一代振兴家族有殷切的期望。

阳明的父亲王华，号实庵，晚年号海日翁，因常读书于家乡龙泉山，学者称之为龙山先生。据说王华自小机敏有加，读书过目不忘，未及成年就被故家世族聘为子弟师。当时提学松江张时敏考校余姚士人，以王华和谢迁为首。王氏家族的发达就始于王华。王华在明宪宗成化十七年（1481）赐进士及第，授翰林院修撰。明孝宗弘治元年（1488），充任经筵官，成为孝宗的老师，深得孝宗赏识。弘治十五年迁升翰林院学士，参与编写《大明会典》《通鉴纂要》等书。后升任礼部右侍郎、左侍郎等。明武宗正德元年，宦官刘瑾擅权，阳明上疏得罪刘瑾，王华受到牵连，于正德二年出为南京吏部尚书，不久即被勒令退休。

据记载，王华为人仁恕坦直，一生无虚言伪行，对人无尊卑贵贱相待如一，又性至孝，对父母照料得无微不至。王华又能诗善文，主张为文辞达而已，不事雕琢，著有《龙山稿》《坦南草堂稿》等。

王华的为人行事，对阳明的教育和影响很大。阳明从小即由王华施行启蒙教育。阳明十一岁，王华在京师做官，就带他同往，阳明直到十七岁回家乡，都生活在王华身边。弘治三年，王华回到家乡，又命从弟王冕、王阶及妹婿与阳明一起讲析经义。正是王华的这种教诲铸成了阳明的儒者性格。

王华的元配夫人郑氏、继室赵氏、侧室杨氏，有子四人：长子守仁，即阳明，为郑夫人出；次子守俭，四子守章，为杨氏所出；三子守文及女儿王氏，系赵氏所出。阳明又有同祖兄弟五人：伯父之子守义、守智；叔父之子守礼、守信、守恭。诸兄弟取名为仁、义、礼、智、文、章、恭、俭这一事实，亦说明王氏家族是一儒学世家。阳明就是在这一儒学气氛很浓的家庭中长大的。

二、少年志趣

据传，阳明的母亲郑氏娠阳明十四个月而生。生时，祖母岑氏梦神人云中鼓吹，送儿授予岑。岑氏醒来时，已闻婴儿啼哭。祖父竹轩公感到奇怪，就替孩子取名为云。由此，阳明在余姚出生的地方被叫作"瑞云楼"。这当然也是一种传说，与其父王华出生时，其祖母由其姑托梦授子一样，都是寄托了王氏家族对新生孩子富贵利达的期待。

但是，阳明到了五岁还不会说话，这可急坏了王家的人。一日，阳明与群儿玩耍，有一个道士经过时说，多么好的一个孩子，可惜名字泄露了天机，受到了不能讲话的惩罚。竹轩公醒悟，就把王云改为王守仁，从此阳明就开口说话了。有一天，他竟背诵竹轩公曾经读过的书，众人都很惊讶。阳明说："听祖父读时已默默地记住了。"这一传说虽不可相信，但其中也包含着传说者的用意：阳明在还不能讲话时，就已能默记经籍，其聪明是可想而知的。

阳明十一岁以前是在余姚度过的。有些传说为了神化阳明，就说阳明从小就立志于学圣贤。如《年谱》载十一岁这一条，记阳明问塾师什么是第一等事？塾师告诉他是读书登第。阳明就怀疑说："登第未是第一等事，第一等事是读书学圣贤耳！"

但史料也有不同的记载，冯梦龙的《王阳明先生出身靖乱录》说阳明少年时代的兴趣是在习武和辞章。阳明少年时是一个很顽皮很好动的孩子，这使他对军事战阵有着天然的兴趣。阳明十二岁在京师就读，不肯专心诵读，常常偷偷跑出去与群儿玩耍，自己制作大小旗居中调度，左旋右旋，如同战阵之势。父亲龙山公看见了，发怒说：我家世代以读书显贵，用得着这个吗？阳明就问："读书有什么用处？"龙山公说："读书则可以做大官，如你父亲中状元，就是读书之力！"阳明说："父亲中状元，子孙世代还是状元否？"龙山公说："父亲中状元，只是父亲，你如果要中状元还得自己去勤读。"阳明说："只有一代，高中状元也不稀罕。"龙山公更为愤怒，重重地打了王阳明一顿。《王阳明先生出身靖乱录》有小说家习气，所说显然不可尽信，但它比《年谱》说阳明十一岁就以读书学圣为志，似乎更近人情，因为这比较符合一个十二岁孩子的性格特征。阳明四十八岁平定宁王叛乱时，武宗身边的小人张忠、许泰等人嫉妒阳明功劳，挑衅性地提出要与阳明在教场较射，想以此出阳明的丑。结果阳明三发三中，挫伤了张、许等人的傲气。阳明少年时代如无习武骑射之功，他是绝不可能三发三中的。

应该说，阳明以后对武事的关切，正是他少年爱武的发展。《年谱》载他二十六岁在京师学兵法。当时边报很急，朝廷设武举选拔将才。阳明认为设立武举，仅仅能得到骑射搏击之士，而不能得到韬略统驭之才。所以凡是兵家秘籍，他都要拿来研究。可以看出，这时他不仅在武艺层面上留心武事，而且从战略层面上也留意武事了。现在收录在吴光等人编校的《王阳明全集》中的《武经七书评》，或许就是他青年时代的作品，从所评的情况看，确实有超越古人的见解。这说明阳明学兵法并非一时心血来潮，而有其少年习武的基础。

阳明在少年时代，除了爱好骑射以外，还对辞章产生了兴趣，并且下过很大的工夫。古人所谓辞章，是指诗文。我国自隋唐创立科举制后，诗文是进士考试的重要课目。故士大夫之族无不雅好诗文。阳明出身于一个诗书世家，耳濡目染，从小在诗文方面就表现了浓厚的兴趣和天才。相传阳明十一岁时祖父送他到京师，过金山寺，祖父与客喝酒，正打算作诗，阳明就先有了一首："金山一点大如拳，打破淮扬水底天。醉倚妙高台上月，玉箫吹彻洞龙眠。"这使客人大为惊异。再让他赋《蔽月山房》诗，阳明又随口应道："山近月远觉月小，便道此山大于月。若人有眼大如天，还见山小月更阔。"他的诗思，比曹植作《七步诗》还要敏捷。

对诗文的迷恋，构成阳明少年时代重要的生活内容。《年谱》记他随父亲在京师时，在官署依朱熹的格物之说格竹子失败，就随世学辞章之学。他二十二岁参加会试落第，回余姚在龙泉山寺结诗社。这时，曾任布政司的魏瀚退休在家。魏瀚是阳明祖父的诗友，平时以雄才自放，却与阳明结成忘年交，常和阳明相约登龙泉山对弈联句。凡阳明先得佳句，魏瀚就揖谢说："老夫当退数舍！"阳明的《雪斋闲卧》说："梦回双阙曙光浮，懒卧茅斋且自由。巷僻断应无客到，景多唯拟作诗酬。千岩积素供开卷，叠嶂回溪好放舟。破虏玉关真细事，未将吾笔遂轻投。"可见作诗成为他这一时期生活的重要内容，而破虏玉关，建功立业，与辞章比较起来，又变成小事了。

　　阳明以后中进士，供职京师，对辞章依然雅好如旧。他常与太原乔宇，广信汪俊，河南李梦阳、何景明，姑苏顾璘、徐祯卿，山东边贡诸人交往，学古诗文。这些人，在当时都以诗文著称于世，特别是其中的李梦阳、何景明两人，主张文仿秦汉，诗宗盛唐，与边贡、徐祯卿并称为"弘正四杰"，又与康海、王九思、徐祯卿、边贡、王廷相并称为"前七子"。他们的诗文反对明初以李士奇为首的台阁体派，当时言诗者必称"何李"，阳明与他们相交往，可见阳明对诗文的兴趣和功力。

　　但是，后来阳明对诗文的兴趣越来越淡了。原因是他感到这只是一种虚文，无益于国计民生。他曾说："学如韩、柳，不过是一个文人；辞如李、杜，不过是一个诗人。有志于心性之学，以颜、闵为目标，这才是第一等德业。"阳明的这一看法，大约与汉代的扬雄相类似。扬雄擅长汉赋，所作的《长杨赋》《羽猎赋》在当时非常著名，但他后来认为辞赋不能经世致用，不过是雕虫小技而已，由此抛弃辞赋，而转向研究哲学。但阳明此后并没有抛弃辞章，不过是不把它作为自己的正业。他在此后的生涯中，哪怕是在戎马倥偬中，都没有废弃诗文，而是每有所感，即形诸于诗。现在我们看他的诗集，即可了解他的生平大略。阳明的诗，自然、圆融、晓畅、工整，又意境高远，特别是晚年的诗，包括他的哲理诗，几乎达到出神入化的境界，成就绝不在李梦阳、何景明之下。

第 2 章

学海求宗

一、对程朱理学的困惑

明孝宗弘治十二年（1499），阳明二十八岁，举进士出身，在工部任职，由此踏上仕途。次年，授刑部云南清吏司主事。第二年奉命审录江北囚犯。弘治十七年（1504），被聘主考山东乡试。这一年九月，改迁兵部武选清吏司主事，第二年与湛若水约定以倡明圣学为事。从举进士到此的七年时间，是他从政的第一阶段。

阳明少年时代的兴趣主要在习武和辞章，当时他虽然注意到学术问题，但学术探讨并不是他生活的主要内容。而在从政的第一阶段，他的主要兴趣则转到了学术探索上。

在明代，程朱理学是官方的统治思想，对出身于诗书世家的阳明来说，他所信奉的当然首先是程朱理学。但阳明又有广泛的兴趣和充沛的精力，他并不满足于程朱理学，特别是在学习的过程中，种种疑惑得不到解决时，他的思想又转向了异端。但不久，又悟异端之非，可以说，这一时期是他思想躁动不安的时期，他想使自己的思想和精神有所安顿，却找不到安顿之所，直至谪居龙场，才解决了这一问题。

阳明对程朱理学的探索，开始于他十七岁随父亲在京师生活时期。《年谱》记载，这一年他从事于宋儒格物之学，把能够找到的朱熹的书都读了一遍。有一天，他在思考宋儒所讲的"众物必有表里精粗，一草一木，皆涵至理"的话。当时官署中有很多竹子，阳明就对着竹子做格物的功夫。结果几天过去却格不出什么道理，人反而病了。这说明，他对程朱理学确在下功夫，但不用讳言的是，以坐对竹体验朱子的格物之理，是幼稚可笑的。因为朱熹从来没有教人这样去格物致知，当时的程朱学者也没有人这样去格物致知的。这说明他对朱子的格物学说在理解上的肤浅。当然，从另一方面说，也可以看出阳明求学的可贵处，即他企图把自己所学的东西变成自己的实践，而绝不仅仅停留在纸上或口头上。然而，阳明虽然格竹失败，却并没有丢弃程朱理学。他二十一岁时在家乡又从事"宋儒格物之学"。但是，程朱理学分心、理为二的问题却一直困惑着他，长期得不到解决。这又使他的思想和兴趣转向了仙佛。

二、对仙佛的迷恋

阳明最初接触仙学是出于好奇。十七岁时他奉父命到江西洪都迎娶夫人诸氏。诸氏是他外舅诸养和的女儿，养和时任江西布政司参议。《年谱》记载，在结婚的那一天，阳明偶然走到铁柱宫，看见一道士坐在庆上，就进去叩拜，听他谈养生的理论。阳明与道士对坐而谈，竟忘了回家。诸养和派人到处寻找，到第二天早上才把他找回来。自古结婚是人生大喜的日子，阳明竟然因为听道家养生之说而忘记回家，以至丈人派人找了一夜才找到他，这足见他对道教养生说的迷恋和好奇。

阳明对道教的迷恋，在他对程朱理学感到困惑时就更加强烈。二十七岁时，他读朱熹上宋光宗疏，对朱熹把物理与人心看作两件事越来越不理解，以致沉思既久，旧病复发，偶听道士谈养生，就有遗世入山的想法。在此后相当长的时间里，阳明一直沉溺在道教的养生说里。

弘治十四年（1501），阳明任刑部云南清吏司主事，奉命到江北审查案件。第二年春他完成了公务，就游青阳九华山。九华山山清水秀，风清月朗，向来是仙佛之家栖滞之地。阳明游九华，诱发了他的出世学仙的念头，他作《游九华山赋》想象自己鞭风霆，骑日月，袂九霞，搏鹏翼，钓巨鳌，取道昆仑，听王母弹琴，并遨游碧落，逍遥太虚。他又作《题四老围棋图》诗：“世外烟霞亦许时，至今风致后人思。却怀刘项当年事，不及山中一箸棋。”与仙家比起来，人间的事业，哪怕是刘邦项羽的帝王之业也微不足道了。

在九华山，阳明还拜访了居山的仙家蔡蓬头。阳明在后堂恭恭敬敬地问成仙之道。蔡蓬头只是淡淡地回答说时机还不成熟。过了一会儿，阳明又把蔡蓬头单独引到后亭，再拜请问。蔡蓬头又回答说，时机还不够成熟。再三请问，蔡蓬头回答说：“君在后堂、后亭待我礼节虽然隆重，只是官气还没有散。”由此一笑而别。这使阳明怏怏若有所失。他又听说地藏洞有异人，坐卧于松毛之上，不食人间烟火，于是不顾山峻路险，攀援访问。当时异人还在熟睡，他就坐在一边抚摸他的脚。异人醒来，大为惊奇，说："道路如此险峻，你怎么能到这里?"但是异人并没有给他谈仙术，只是淡淡地说："周濂溪、程明道是儒家两个好秀才!"这大约与蔡蓬头一样，感到他终不能出儒入道，不足与之论仙术。后来，阳明再次前往访问，但异人已不知去向，他又再一次感到怏怏若有所失。

这一年八月，阳明归越养病，他就在会稽山阳明洞中修炼，行导引术。可以说，这一时期，是阳明对仙家最迷恋的时期。

阳明对佛家的雅好，《年谱》记载得并不像他迷恋仙家那样具体，只在他这一时期所写的诗歌中有所反映。如他在游九华山所写的《夜宿无相寺》说："岩头金佛国，树杪谪仙家。仿佛闻笙鹤，青天落绛霞。"又在《化城寺》六首中说："最爱山僧能好事，夜堂灯火伴孤吟。""月明猿听偈，风静鹤参禅。今日揩双眼，幽怀二十年。""金骨藏灵塔，神光照远峰。微茫竟何是? 老衲话遗踪!"寺院静谧，没有尘世的喧嚣，僧人淡泊超脱，不像俗人汲汲于声利。所有这些，都博得阳明对僧佛的好感。在九华，他或叹寺院的庄严，想象佛国的境界，或与山僧相吟和，看和尚参禅，或抒发对佛家的敬仰，与僧人讨论佛教的宗派。这或许就是他的朋友湛若水（号甘泉）说他陷溺于佛氏之习了。

三、由仙佛复归儒学

阳明感到仙佛之非，是在弘治十五年（1502）。《年谱》记载，"是年先生悟仙释之非"。原因是他省悟到仙佛遗弃人伦。此年八月，他在会稽山阳明洞行导引术，据说已经达到先知，但忽然想念起祖母岑氏和父亲龙山公来，终于省悟到：人的亲情生于孩提，如果亲情可去，是断灭种性。这样，他就由出世复归于用世，随后就放弃了在阳明洞的修炼，搬到钱塘西湖养病。在此期间，他经常来往于西湖的南屏、虎跑等著名寺院。有一次，他看到一个禅僧，坐禅三年，不语不视，于是他向那和尚大喝一声道："这和尚终日口巴巴说什么？终日眼睁睁看什么？"和尚猛地惊起，即睁开眼睛与他对话。阳明问其家人，回答说："有老母在。"又问："想念否？"回答说："不能不想。"于是阳明就向他明示爱亲乃是人的本性，不可灭性学佛。和尚涕泣而谢。当他第二天再去访问时，这个和尚已经走了。

以后，阳明曾多次谈及自己这一出入佛老的思想经历。正德七年（1512），他在《别湛甘泉序》中说："我少年时不问学，陷溺于邪僻二十年，而开始究心于佛道。靠天之灵，使我有所觉悟，才开始沿着周子、程子之说去学习，而若有所得！"正德十三年（1518）他又在《朱子晚年定论序》中说："我早年陷溺于辞章之中，稍后虽知从事于正学，又感到众说纷纭，茫无可入，于是求之于佛道，使认为圣人之学就在这里，但与孔子教之相违背，而置之日用，往往多有阙漏，如此依违往返，且信且疑。"这些自述，说的就是他对佛道由迷恋而醒悟的过程。

与佛老分道扬镳，意味着他的思想又回归儒学。弘治十七年（1504），阳明三十三岁，被巡按山东监察御史陆偁聘为主考山东乡试，在他向考生提出的策问和所拟的答案中，就明确地提出老释害道，由于圣学不明、纲纪不振，出于名器太滥的问题。第二年，阳明改授兵部武选清吏司主事，在京与翰林庶吉士湛甘泉定交，共以倡明圣学为目标。以后，湛甘泉论阳明说："初陷溺于任侠，再陷溺于骑射，三陷溺于辞章，四陷溺于神仙，五陷溺于佛氏。到了正德丙寅，才归于圣贤之学。"这表明，在与佛老分手以后，阳明的思想又回到了孔孟之学，即所谓圣贤之学，只是此时，他对孔孟还谈不上"学有所得"。他对孔孟"学有所得"，是在经历了贬谪龙场的痛苦生活以后。

第3章

龙场悟道

一、贬谪龙场

贬谪龙场，是阳明人生的转折点，也是阳明思想发展的转折点。

弘治十八年（1505），明孝宗病死，太子朱厚照即位，改元正德，这就是明武宗。武宗年幼，朝权完全落入宦官刘瑾之手。刘瑾本姓谈，因为依靠一个刘姓宦官入宫，改姓刘。武宗为太子时，刘瑾就在东宫侍奉太子。《明史》本传说刘瑾与马永成、高凤、罗祥、魏彬、丘聚、谷大用、张永等以旧恩得到恩宠，时人称"八虎"，而刘瑾尤其狡狠。他羡慕明英宗时专权的宦官王振的为人，时常向武宗进鹰犬，献歌舞，还带着武宗微服游玩，由此深得武宗的信任。他劝武宗令各内臣镇守各贡万金，又奏武宗设置皇庄，渐渐增加到三百所，弄得人心惶惶。当时明孝宗朝的老臣刘健、谢迁等联合言官弹劾刘瑾，却被刘瑾诬为奸党，借武宗的名义予以除名罢黜。此时南京户科给事中戴铣和十三道御史薄彦徽等人上疏请留刘健、谢迁，得罪了刘瑾，被打入锦衣卫狱。为了救戴铣等人，阳明毅然上疏，劝武宗收回前旨，使戴铣等仍旧供职，"扩大公无我之仁，明改过不吝之勇"。结果阳明被廷杖四十，死而复生，被逮入诏狱。对于这样严重的后果，阳明事先并不是没有预料。因为刘瑾的狠毒、阴险，这是有正义感的廷臣所共知的。在他之前，戴铣、薄彦徽等人上疏请留刘健、谢迁，就被刘瑾全部逮捕，杖于阙下。他救戴铣，只是为一种正义感所驱使，全然没有考虑到自己的身家性命，而只是想启示武宗的良知，顾全整个朝廷的利益。

在狱中度过了十多个暗无天日的日子后，阳明被谪往贵州龙场驿作驿丞。正德二年（1507）初出京入黔，一路上刘瑾派人跟踪，想加以谋害。至钱塘，阳明伪装投江自杀，骗过了地方官员和盯梢的人，后坐商船到舟山，遇台风而漂至闽北，进入武夷山。本来他是想从此隐遁不仕的，但担心连累父亲，便由武夷山到南京探望父亲。同年十二月返回钱塘，经由江西、湖南而赴贵州谪所，于正德三年到达龙场驿。

在古代，驿站是供传送公文的差役和过往官吏换马和住宿的处所。龙场驿建于明洪武年间，地处贵州西北万山丛中，环境极为恶劣，与土著人言语难通。在贵州的驿站中，龙场驿的规模很小，只设驿丞一名，马二十三匹，阳明就生活在这一恶劣的环境中。

阳明在龙场的生活十分艰苦，初到时没有地方住，只能垒土架木，搭建草棚。因为水土不服，随从都生了病，为解除随从的忧患，阳明砍柴取水，煮粥侍候，又给他们念诗歌、调越曲，欢悦他们。后来在附近龙冈山上，寻得一洞，就迁居洞中，起名为"阳明洞"。粮食不继，就学农圃，割草垦荒，种粮种菜，砍柴采蕨，抱瓮汲水，备尝艰辛。

自然，阳明的心情是悲凉的，忠而见弃，不能无怨，不能无悲。他借楚人新娶而去其妇的传闻，作《去妇叹》五首，表达自己的怨恨和悲情。因此这时候，他的归隐思想非常强烈。一个人身处逆境，不能不有终老丘园之思，这在他写于这一时期的《居夷诗》里，随处可见，但是此时归隐在事实上又不可能，既入仕途，就身不由己。

在这种忠而见弃，欲归不得的情况下，阳明不能不向自己提出这样的问题："圣人处此，更有何道？"圣人处于这种情况下，他有什么办法应付？一切得失荣辱，自然不足为念，唯有生死之念，因有亲人在，不能不加考虑。于是他做了一个石墩，每天坐在上面，心想，如今也就等死罢了，其他还考虑什么呢？但等死总不是办法，他急切需要精神上的解脱。一天夜里，他忽然大彻大悟格物之旨，仿佛有人在睡梦中告诉他一样，不觉呼跃而起，若痴若狂，随从都被他惊醒，吓了一跳。原来他体悟到"圣人之道，吾性自足，向之求理于事物者误也"。也就是说，圣人处世，只在自足其性，而不在向外求理。他又以所记的《五经》之言加以印证，感到无不吻合，就撰写了《五经臆说》。阳明的这一彻悟，为他身处艰险找到了安身立命的精神支柱，也为以后发展心学奠定了理论基础。

此后，阳明在龙场的生活有了改善，一方面有了精神支柱，常能苦中取乐；另一方面，物质生活也稍有改善，居住时间一长，与当地居民建立了较好的关系。在他们的帮助下，阳明建木屋数间，一名"何陋轩"，一名"宾阳堂"，一名"君子亭"，不再住在阳明洞中了。

阳明在龙场，远近的土人闻其名，纷纷背着经籍来就学。于是他在龙冈山阳明洞开办了龙冈书院。他既讲心学，也讲农学。他还为学生制订了立志、勤学、改过、责善等学规。他这一时期的学生，著名的近有贵州的陈宗鲁，远有湖南的冀元亨、蒋信等人。就这样，他把一个地处贵州深山的蛮荒之地，变成其乐融融的传道讲学之所。

阳明在龙场的讲学，也引起了当地官吏的关注。正德四年（1509）三月，席书调任贵州提学副使，闻阳明之名，他也来向阳明请学，并修葺了府城的文明书院，亲自率领贵阳的学生，以师礼待阳明。在文明书院，阳明首次阐述了他的知行合一学说，赢得了众多学子的赞誉。

此年年底，阳明三年谪居期满，升任江西庐陵知县。

二、圣人之道，吾性自足

阳明贬谪龙场，环境恶劣，生活动荡，无论是身体还是精神，都备受折磨。在备尝痛苦之中，他忽然有了大彻大悟，认识到"圣人之道，吾性自足，向之求理于事物者误也"的道理。也就是说，圣人处世，最重要的不在于追寻外在的天理或公道，而在于安于自己的良心。这可以说是阳明在龙场最重要的思想收获，由此奠定此后心学的理论基础。所谓龙场悟道，悟的就是这样一种道理。

宋元以来，程朱学派所强调的天理，在本体的层面上，当然是指一种不以人的意志为转移的客观精神，但在道德的层面上，则是指封建社会的纲常伦理和道德规范，因它得之于天而见之于性，故称天理。朱熹说："所谓天理复是何物？仁义礼智，岂不是天理？君臣父子兄弟夫妇朋友，岂不是天理？"又说："仁莫大于父子，义莫大于君臣，是谓三纲之要，五常之本，人伦天理之至，无所逃于天地之间。"在封建社会里，天理是人们视听言行的准则，人人都要遵守。如果只是一部分人要遵守，那就不是天理了。

但是，在封建社会里，破坏天理的又往往首先是统治阶级自己，特别是最高统治阶层。他们往往以权势行事而不以天理行事。以天理行，这就是封建时代史学家所谓的有道之世；以权势行，就是无道之世。陆九渊在与友人的一封信里说："窃为理势二字，当辨宾主。天下无尝无势，势出于理，则理为之主，势为之宾。天下如此，则为有道之世，国如此则为有道之国，家如此则为有道之家，人如此则为有道之人，反是者则为无道。当无道时，小人在位，君子在野，小人志得意满，君子厄穷祸患，甚至在囹圄，伏刀锯，投荒裔。当此之时，则势专为主，群小炽然，但论势不论理，故平昔深恶论势之人。"陆九渊看到以理行还是势行是两种社会、两种世道。在封建社会里，凡是真正的士大夫都希望最高统治者恃理而不恃势。因为只有恃理，社会才能长治久安；恃势，则天下往往暗无天日。

但是，宋明以后，由于强化封建中央集权，社会常常是以势行而不是以理行。也就是说，在高度的中央集权制度下，皇帝有无上的权力，生杀予夺，任凭自己的好恶喜怒。在这种情况下，如果遇上一个开明的皇帝，朝廷政治还可以比较清正，而一旦当政的是一个昏庸残暴的皇帝，朝廷政治就昏天暗地，社会就无天理可言。以明代的皇帝而言，成祖不可以说无所作为，但生性残暴，阴忍刻毒，对不服他淫威的朝臣往往大开杀戒。靖难之役中，诛杀不肯为他草即位诏的方孝孺，株连被杀的有八百七十人。杀不屈其淫威的大理寺丞邹瑾，亲戚被诛戮的有四百四十人；杀对其言语不逊的右副都御史练子宁，宗亲被弃市的一百五十人；杀抗声指斥他的礼部尚书陈迪，株连者一百八十人，如此等等。这些被诛杀被赤族的士大夫，该都是朱明王朝的忠臣孝子，而在朱氏同室操戈中遭此荼毒，这个时代还有什么天理可言？

这种最高统治者恃势不恃理，小人道长君子道消的事，在明代都是司空见惯的。明英宗夺门之变后，竟以莫须有的罪名诬杀对明朝有再造之功的兵部尚书于谦，以及为于谦所任的都督范广等人，贬谪守土有功、克尽职责的大同总兵郭登。而迎英宗复辟的奸猾之徒如石亨竟被封为忠国公，石家数十人皆授指挥、千户或百户，与石同气相求的太监曹吉祥的宗族或封昭武伯或授指挥，由此开明代太监子弟封爵之始。可以说，英宗杀戮于谦等人之无天理，亦无异于成祖之戮方孝孺等人。

及武宗朝，更是君昏于上，臣乱于下。武宗十五岁即位，在位十六年间，日事游乐，不恤国事，声色犬马，无所不为。即位之初，即重用宦官刘瑾等"八虎"。刘瑾于特务组织东厂西厂以外，又增设内行厂，侦缉朝官，专擅威福，疯狂地迫害异己。矫诏列刘健、谢迁等五十三名朝臣为奸党，制造无数冤狱。又引进同党，倚为心腹，分据要职，如此等等。阳明一生前后虽经四朝，但他的主要活动是在武宗朝。这也就是说，阳明一生就是生活在明朝最无天理的时代。

朝廷无天理，能不能向朝廷讨回天理呢？阳明并不是不想向朝廷讨天理、要公道。正德元年，他抗疏救戴铣，就是向朝廷讨天理的壮举。但是结果怎样呢？戴铣依然被廷杖而死，而他自己亦被廷杖，死而复生，投荒万里。想要在一个无天理的社会讨回天理，这是不可能的。因为如果可以讨回天理，也就不足谓无天理的社会了。因此，历代的忠臣孝子虽然都能得到表彰，冤狱最终得到平反，小人奸邪之徒也能得到应有的下场，但那都是在后世，而不是在当朝。于谦的平反是在明宪宗成化年间；方孝孺等人的昭雪是在明思宗崇祯末年；而阳明在明武宗正德年间平定宁王之叛遭诬陷，直到世宗即位才被封为新建伯，穆宗隆庆初年诏赠新建侯，谥文成。

自然，朝廷无理，社会暗无天日，有道君子可以托命山林。名儒薛瑄在英宗时为礼部右侍郎，兼翰林学士，入内阁。时石亨专擅威福，于谦以莫须有的罪名下狱，薛瑄无力回天，他深知石亨用事，终非行道之时，遂求退休回家。正德初，大儒娄谅门人夏尚朴赴京会试，见刘瑾专权乱政，慨然叹息说：时事到了这步田地，还怎么做官呢？于是不试而归。应该看到，在这种情况下，阳明亦有很强的归隐思想，这见之于他写的大量诗文和书疏，特别是在正德年间所写的诗，更是如此。例如正德初作于狱中的《读易》说："箪瓢有余乐，此意良匪矫。幽哉阳明麓，可以忘吾老。"作于赴谪途中的《赴谪次北新关喜见诸弟》说："投荒自识君恩远，多病心便吏事闲。携汝耕樵应有日，好移茅屋傍云山。"作于龙场的《赠黄太守澎》

说："惟营垂白念，且夕怀归图。君行勉三事，吾计终五湖。"这些具有浓烈归隐思想的诗作，在阳明集中随处可见。

至于他终没有归隐，他的归思屡屡落空，其原因在于阳明毕竟是一个有深切社会责任感的儒者，而不是一个只求个人超脱的道家人物。就是在他忤刘瑾被下锦衣狱时，他也依然无悔自己的行为，虽然归思浓烈，但依旧有着为国捐躯的气概。在谪居满三年迁庐陵知县时，他的这种用世思想就很强烈了。作于此时的《游瑞华》说："身可益民宁论屈，志存经国未全灰。正愁不是中流砥，千尺狂澜岂易摧。"这种归隐避世和入世用事的思想矛盾，可以说贯穿于他的一生，而最终是入世战胜了避世。

社会的无天理，使阳明屡起归隐之思，而儒家的用世思想，又使他不甘归隐，不想归隐，这就在阳明面前提出一个尖锐的问题：如何在无天理的社会中，找到自己安身立命之所？没有别的途径，只有求之于自己的心。所谓龙场悟道，悟的就是这样一个道理。《年谱》载他在龙场因念"圣人处此，更有何道"，忽中夜大悟格物致知之旨。所谓格物致知之旨，即他后来所谓的良知，亦即通常所谓的良心。良心是人们在社会生活中形成的道德观念，许多事情，如此去做即心安，不如此去做即不安，这是良心。一些问题如此去想即心安，不如此去想即不安，这也是良心。良心是一个人的是非准则，是一个人对社会对他人的责任感，是人之为人之所在。应该说人人都有良心，只是有人昧于声色财利，一时不能发现罢了。很难设想，一个否认良心的人会去履行自己的道德责任。自然，良心与天理并不矛盾，天理是一个社会要共同遵守的行为准则。良心就其内容来说，不外乎天理，故良心是天理内在于人心者，心对天理的体认即是良心。天理与良心的区别，在于前者外在于人，而后者则内在于心。人在遭受冤屈、蒙受诽谤时，首先是呼吁天理，寻求公论。而在黑暗的社会里，往往是天理无处可见，公论无处可求。人生处于这一境况，难免要愤愤不平郁积于心，长此以往，生命就无所依托，精神就要走向崩溃。故如何安身立命，就成为亟待解决的问题。阳明在龙场悟道，从根本上说，就是懂得了这样一个道理，圣人处于无天理可言的时候，不必汲汲去讨天理，人生在世，所作所为，只要对得起自己的良心即可。要对得起社会，对得起国家，对得起人民，必须首先对得起自己的良心。故说："圣人之道，吾性自足，向之求理于事物者误也。"只是，阳明的龙场悟道，用的还是传统的格物致知用语，还点不出"良知"二字，后来经忠泰之变，他的这一思想就明朗化了。我们说龙场悟道为王学的形成奠定了理论基础，也就是这一意思。

我们注意到这样一个事实，即在阳明龙场悟道之前，他常对自己坎坷的生活表现出愤愤不平。但在龙场悟道认识到"圣人之道，吾性自足"以后，他就罕有此前不平的心境，他总是随遇而安，心平如镜。此时，他虽然依然身处逆境，却表现出少有的平静。所以如此，是因为他找到了精神的归宿，即"吾性自足"，不需外求。

因此，"圣人之道，吾性自足"，不在外求，是阳明在龙场最重要的哲学思想，这一哲学思想奠定了王学的理论基础。这说明，从根本上说，王学乃是一种生活的哲学和实践的哲学，是他对坎坷的生活深切解悟的产物，而不是书斋哲学，不是单纯地由逻辑推衍的结果。

三、知行合一

《年谱》载正德四年（1509），时阳明三十八岁，在贵阳书院论"知行合一"。《年谱》说，席书提督贵州学政，问阳明朱陆同异之辨，当时阳明不回答朱陆同异的问题，而告以体悟到的知行合一的理论，席书似信非信。第二天又来，阳明又以五经诸子论证知行本体，席书渐有省悟。如此反复多次，席书终于"豁然大悟"说："今天才听到真正的圣人之学！朱陆同异，各有得失，那是无须辨析的，求之于自性本会自明的。"于是，他修葺书院，亲自率领贵阳的学生，以师礼事阳明。

阳明此时身陷逆境，为什么要讲知行合一呢？这是很值得研究的。这是阳明对当世学术流弊深切反思的结果。所谓当世学术流弊，并不是如有的学者所指的那样，是居统治地位的程朱理学在体系上存在矛盾，也不是指程朱理学本身的不完善。体系上的矛盾，古今学术思想往往在所难免，至于不完善，可以说没有哪一个理论体系是完善的。学术体系上的矛盾，可以由后学加以克服，不完善也可以由后学加以完善。古今学术的发展，从来就是如此。所谓当世学术的流弊，首先是指程朱理学的日渐虚伪化，这是一种学术处于统治思想地位为时既久所必然要发生且不可避免的。

朱子之学，在朱熹生前，由于政敌韩侂胄的压制，一度被朝廷定为伪学而加以禁止。韩侂胄死后，伪学的禁令很快就松弛下来，以后朱熹被谥为文，追封徽国公，宋理宗淳祐元年

（1241），又以朱熹并周敦颐、张载、二程"从祀孔子庙庭"。自此，朱学被视为儒学的正统，在思想界居于支配地位。明承宋元，亦以朱学为官学。在明代，如同宋元一样，科举考试必以四书五经为内容，而四书的解释，又以朱熹作的《四书章句集注》为准则。这样，朱子之学就紧紧地和利禄结合在了一起。

大凡一种学术思想，与一代的利禄相结合而成为统治思想，这是它的幸运，因为这样它可以得到最大限度的传播而兴盛；但也是它的不幸，因为从此它就可能被虚伪化，从而失去原有的青春活力。在先秦时代，儒墨道法诸家虽然影响有大有小，势力各不相同，但在地位上是平等的，没有哪一家被统治者定于一尊。儒倡仁义，道贵自然，墨崇兼爱，法尚法术。信奉仁义者就说仁义，不信者可以贵自然，可以崇兼爱，也可以尚法术。不必心不信仁义而嘴上言仁义，行不履仁义而口中谈仁义，表现了言行和口心的一致。但是，自从儒学被定于一尊，与利禄相结合以后，学术形势就发生了根本的变化。士人们为了做官，谋取利禄，行不为仁义却要言说仁义，心不尚道德者却要口说道德，渐渍以年，儒学就不可避免地被虚伪化。这种情况，在历朝的中后期，都表现得相当明显。

在中国古代，道家当然也有被虚伪化的时候。例如唐代隐居终南山的隐士，就是身在山林，心向魏阙。但是与儒学比较起来，道家的虚伪化并不是一个突出的问题，因为它大多是与利禄分开的。在本质上，道学是避世者的世界观。古代佛家学说，也有被虚伪化的时候，如在隋唐发展到鼎盛时期，当时的士人，也有以入佛作为踏入仕途手段的。他们其实并不信佛，只是把皈依佛门作为博取虚声的手段，或在佛教界捞取利禄。但是在总体上，佛教的虚伪也不像儒学那样突出，因为它也大多是与利禄分离的，在根本上，它是出世者的世界观。

儒家当然也看到这一问题的严重性，所以历代的儒学思想家都特别尊崇信，儒学五常之道就有一个"信"。同时从孔子开始，也都无不强调君子求诸己而不求诸人，强调力行和践履。可以说，在中国古代，没有哪一个学派比儒学更重视信和行的问题。但是，对"信"和"行"依然有一个信不信、行不行的问题。强调信，并不意味着就解决了虚伪的问题；强调行，也不等于就解决了言而不行的问题。因为这种虚伪化的弊病，并不是理论上对信和行强调不够所带来的，而是由它居于统治思想地位本身决定的。因此，一种学术一旦居于统治思想，它的虚伪化的命运就不可避免。

宋明以来，朱学的发展轨迹就是如此。阳明一生，曾多次淋漓尽致地揭露当代儒学即朱学的虚伪化。如以后他在《象山文集序》里说："盖王道息而伯术行，功利之徒外假天理之近似以济其私，而以欺于人，曰：天理固如是，不知既无其心矣，而尚何有所谓天理者乎？自是而后，折心与理而为二而精一之学亡。世儒之支离，外索于形名器数之末，以求明其所谓物理者。而不知吾心即物理，初无假于外也。"于此我们不难看出明代的儒学即程朱理学已经完全流于虚伪，士大夫之属讲的是仁义道德忠信孝悌，而求的是声色利禄、富贵权势，诚如世人所言，满嘴的仁义道德，满肚子的男盗女娼。同时，我们也不难深切地感到阳明对这些"功利之徒外假天理之近似以济其私"的深恶痛绝。自然，他不知道，这是由朱学处于统治地位与利禄结合之后的必然结果。他只把它视为士大夫之属个人道德的沦丧和良知的失落，为了去除这一流弊，他必须唤起人们的良知，即知即行，知行合一，而不是言而不行，知行为二。这就是为什么阳明倡导知行合一的缘由。从中，我们也可以看出，王学的兴起，完全是对治时代学术弊端的需要，而不是个人的一时心血来潮。

阳明在贵阳首论知行合一，此后，特别是在擒获叛藩揭致良知之教后，他就很少言知行合一了，但这并不意味着阳明放弃了知行合一。知行合一是整个王学的重要组成部分。综合龙场以后阳明对知行合一的论述，阳明的知行合一论有如下几方面的内涵。

知行本体

知行本体，是说知行合一是心的自性。《年谱》载阳明正德四年在贵阳论知行合一，"后徐爱因未会先生知行合一之训，决于先生。先生曰：'试举看。'爱曰：'如今人已知父当孝，兄当弟矣，及不能孝弟，知与行分明是两事。'先生曰：'此被私欲隔断耳，非本体也。圣贤教人知行，正是要人复本体。'故《大学》指出真知行以示人曰：'如好好色，如恶恶臭。'夫见好色属知，好好色属行。只见色时已是好矣，非见后而始立心去好也。闻恶臭属知，恶恶臭属行，只闻臭时，已是恶矣，非闻后而始立心去恶也。又如称某人知孝，某人知弟，必其人已曾行孝行弟，方可称他知孝知弟；此便是知行之本体"。知父当孝而不能孝，知兄当悌而不能悌，这是普遍存在的社会现象。当孝当悌属知，不能孝不能悌属行。知行不一致或知行是二不是一，这是常识。徐爱等人的疑问，正是从常识的立场提出来的。对于常识中的知行为二不为一，阳明也是不能不加承认的。但他认为，这已不是知行本体，而只是知行本体被私欲隔断以后出现的现象。而圣人教人知行合一，正是教人去其私欲的阻隔，以复那知行合一的本体。

相同的思想，亦见之以后写的《答顾东桥书》："知之真切笃实处即是行，行之明觉精察处即是知。知行工夫，本不可离。只为后世学者分作两截工夫，失却知行本体，故有合一并进之说。"照阳明的意思，后世学者既说个知，又说个行，分知行为二，其错误所在，就在失却知行本体，故必须提倡知行合一并进。提倡知行合一并进，不过是彰明心体本来面目罢了，并非是为求一时之效而凿空杜撰的。

什么是知行本体呢？有学者释本体为本来意义，知行本体就是知行在本来的意义的合一。这虽然可通，但未得阳明本体思想的精髓。本体的提法在《王阳明全集》中是很多的，如说：乐是心之本体，无善无恶是性之本体，爱得是爱的本体，如此等等，不胜枚举。本体即自性，或自我规定性，相对于发用而言。乐是人心的本体，即是乐是心的自性，在其表现出来时，受到迷弃才有忧苦。无善无恶是性的本体，是说无善无恶是性的自性，在其表现出来时没有受到干扰或受到干扰，从而就有善恶之分。爱得是爱的本体，是说当爱而爱，是爱的自性，在其表现出来时，受到蒙蔽而有当爱而不能爱，当恨而不能恨。同样，知行合一是心的自性，在表现出来时出现了偏差或为私欲阻隔，而有知行的分裂和脱节。

心的自性为什么必是知行一体，一而不二呢？阳明解释

《大学》的好好色、恶恶臭说：见好色属知，好好色属行。只见那好色时已自好了，不是见了后又立个心去好。闻恶臭属知，恶恶臭属行，只闻那恶臭时已自恶了，不是闻了后别立一个心去恶。如果是一个鼻塞的人，他虽见恶臭在前，因为鼻中不曾闻得便不会去恶，原因在他不曾知臭。在这里，阳明所谓的见好色闻恶臭，相当于现代心理学中的刺激，而好好色、恶恶臭则属情感反映。因为人们感官受到刺激和做出情感反应是同时进行的，或者即使有时间前后的差异，也可小到忽略不计。所以他便认为知行合一是心体的自性，不可以言有先后之分。阳明用以论证知行本体的，多半是这一类的例证。如说，知痛，必已是痛了；知寒，必已是寒了；知饥，必已是饥了。所谓痛、寒、饥都是指感官受到痛、寒、饥的刺激，而知痛、知寒、知饥则是人受刺激后的感觉反映，这种感觉和刺激可以说是同时进行的，是先天而不是后天的，所以他认为知行一体是心的自性。

如果知行本体既是合一的，它在流行发用，亦既表现出来时当然也应该是知行一体的，有如贺麟先生所说，"虽欲知行不合一而不可得"。那么，为什么本来合一的知行本体，在表现出来时会分开呢？阳明认为其中的原因，主要是被私欲隔断。就知行的本体言，知父当孝，自然就会行孝，知兄当悌，自然就会敬兄。然而当孝而未能孝，当悌而未能悌，这是因为有着利己的动机，因为要利己，虽然当孝而终究未能孝，当悌而终究未能悌，如此等等。

其实，在阳明看来，这种知孝而不能孝，知悌而不能悌的"知"，并不是真知，而是假知。假知对真知来说，就是未知。

故处于知行分裂中的知是假知和未知。正是在这一意义上，他在《传习录》中说："未有知而不行者，知而不行，只是未知。"而在假知或未知之下，也就无所谓行。如果一定要说有行的话，那也是冥行妄作。所以，知行合一，知真而行切；知行分裂，知伪而行销。合而两存，既迁善又改过，离而两息，既不能迁善，亦不能改过。

阳明的知行本体论，是他的知行合一功夫论的形上哲学依据，富有思辨性。

知行相即

阳明不但从知行本体上论证知行合一，而且从知行相即上论证知行合一。阳明的知行合一相即论，集中地表现于下述三个命题：（1）知是行的主意，行是知的功夫。（2）知是行之始，行是知之成。（3）知之真切笃实处即是行，行之明觉精察处即是知。

知是行的主意，行是知的功夫

所谓知是行的主意，即知是行的指导。行是知的功夫，即行是知的实践。知行是同一行为不同的两个方面。如说人必有学问之心然后为学，学问之心即是意，即是为学这一行为的主意，而为学这一行为则是学问之心的贯彻。再如说人必有孝亲之心然后奉养，孝亲之心即是意，即是奉养这一行为的主意，而奉养这一行为则是孝亲之心的实现。在这里，阳明所说的知是行的主意具有现在人们通常说的目的意义，而行是知的功夫，则具有手段的意义。目的是手段的指导，而手段则是目的得以实现的方式。有什么样的目的，便有什么样的手段；采取什么手段，必虑及终极的目的。知不离行，目的不离手段；离开行的知就无所依归，离开手段的目的只是一种思想。同时，行亦不离知，手段不离目的，离开知的行只是妄行，而不是笃行，离开目的的手段亦只是妄为，没有定向和目标。知是知所行，行是行所知，它们只是一个问题的两个方面，谁也离不开谁。

　　需要指出的是，阳明的知是行的主意，行是知的功夫，强调的是知行是一个问题的两面，二者相即不离，并不存在时间上的先后之分。比如说，我今天谋划某一行动方案，此亦可以说知是行的主意，而过些时日，乃至十天半月之后，着手行动，付诸实施，此时亦可以说行是知的功夫。如果是这样，知是行的主意，行是知的功夫，就和朱子的知先行后没有什么区别了。阳明反对朱子的知先行后说，就是反对朱子在知与行上作一时间上的先后区分。所以，阳明是主张知行相即，朱子是主张知行前后相随。这是阳明与朱子在知行关系上的不同之处。

知是行之始，行是知之成

　　知是行之始，行是知之成，这是说知行是统一过程中不可分离的两个阶段。如知汤乃饮，知衣乃穿，知路乃行。知汤、知衣、知路即是饮汤、穿衣、行路之始，而饮汤、穿衣、行路则是知汤、知衣、知路的完成。故"夫人必有欲食之心然后知食，欲食之心即是意，即是行之始矣。食味之美恶必待入口而后知，岂有不待入口而已知食味之美恶者邪？必有欲行之心然后知路，欲行之心即是意，即是行之始矣。路歧之险夷必待身亲履历而后知，岂有不待身亲履历而已先知路歧之险夷者邪？

'知汤乃饮'，'知衣乃服'，以此例子，皆无可疑"。

这里需要注意的是，阳明是把知行作为一个统一的不可分割的发展过程来理解的。就阳明使用始、终二字来说，难免也有知先行后之嫌。但他的"始终"是不可分离的发展过程。有其始必有其终，有其终必有其始，有始而无终，从根本上说，不可以说有始，就如称某人知孝知忠，必定是某人已行孝行忠，没有这一点，只是口头上说孝说忠，那是称不上知孝知忠的。故无其终不可以谓有始，即无行不可以谓有知。同理，如果有终而无始，从根本上说，也不可以谓有终。如某人固然在行路，但茫然四顾，不知所措，那是谈不上他究竟是去南还是去北的。故无其始亦不可谓有其终，即无知不可谓有行。在这里，知行相即，不可分离，言始言终，不过是一个方便的说法而已。而朱子的知先行后中的先和后，并不含有知行不可分离的意义。所以阳明说的始和终是不可分离的，而朱子说的先和后是可以分离的。这亦是阳明与朱子在知行问题中的又一个不同之处。

知之真切笃实处即是行，行之明觉精察处即是知

知之真切笃实处即是行，行之明觉精察处即是知，是说知行互相包含，你中有我，我中有你。知是明觉精察，说知之真切笃实，是指知之真、知之深。在阳明看来，知到真处深处即是行。行是真切笃实，说行之明觉精察，是指行之明，行之确。在阳明看来，行到明处确处即是知。其所谓知和行，仅仅是就知行一体过程中所表现的两个不同特点而言。其实是知中有行，行中有知，互相包容，相与一体，从根本上说，是不可言有知行区分的。

知之真切笃实处即是行，行之明觉精察处即是知。如果知未到真切笃实，算不算行呢？行未到明觉精察，算不算知呢？照阳明的意思，那是不算行、不算知的。"若行而不精察明觉，便是冥行，便是'学而不思则罔'，所以必须说个知；知而不能真切笃实，便是妄想，便是'思而不学则殆'，所以必须说个行，原来只是一个工夫。"他把孔子的"学而不思则罔"，解释成行而不能明觉精察，不能明觉精察就是冥行。对于冥行者来说，则应教之以知。他把孔子的"思而不学则殆"，解释为知而不能真切笃实。不能真切笃实，便是妄想，对于妄想者来说，必须纠之以行。知行原是两个字说一个功夫。

阳明的知行相即不离的观点显然与千百年来人们分知分行的观点相矛盾。为了解决这一矛盾，他解释了古来分知分行的观点。他认为古人所以说一个知又说一个行，是因为世间有两种人，一种是只管懵懵懂懂地任意去做，全不解省察思维，对这种人必须说一个知；又有一种人，只管茫茫荡荡悬空去思索，全不肯着实躬行，对这种人必须说一个行。这都是古人不得已补偏救弊的话，如懂得这一层意思，也就知道知行合一了。所以，千百年来分知分行，并不意味着知行可以分离。

应该认为，知行相即是阳明知行合一论的主要内容。后世学者赞同阳明的知行合一论的，多半是赞同他的知行相即，而批评阳明知行合一论的，也多半是批评他的知行相即。

知行并进

阳明的知行并进，并非指知行平行而进，而是指知行交互影响，互相促进。阳明曾以行路和知路的关系说明这一意思。

弟子问：今天理人欲知之未尽，如何用得克己功夫？阳明回答说：人若真实克己用功不已，则必然于天理精微处日见一日，于私欲细微处亦日见一日，若不用克己功夫，终日只是说说而已，则天理终不自见，私欲亦终不自见。譬如人走路，走得一段，才认得一段；走到歧路处有疑问便问，问了又走，如此才渐渐达到目的，他以走得一段认得一段路说明行促进知，走到歧路处，有疑问时问了又走说明知促进行，如此知行交互促进，完成了一个知行合一的过程。

阳明还特别提出学行并进说。在《答顾东桥书》里，阳明认为，《中庸》提出"博学之，审问之，慎思之，明辨之，笃行之"，一般的理解，以博学、审问、慎思、明辨属知，而以笃行属行。其实，学、问、思、辨不可独谓知，而笃行亦不可独谓行。学问思辨行的提法，并不是谓学问思辨之后才有行，而是学问思辨的过程即是行，而行的过程即是知，学问思辨行原是一个统一的过程，仅从不同的角度言，而有学问思辨行的区别。故学而有行，行而成学。学问思辨行，即心理合一、知行并进的过程。阳明申明，他对学问思辨行的解释，异于传统的解释就在这里。学行合一并进，是阳明知行合一并进的表现形式。

需要说明的是，阳明的知行并进，其所谓并进，是没有时间差的，他虽以走路为喻，说走一段方认得一段，直到歧路处有疑，问了又走。这似有知行有先后之别，但比喻终究是比喻，原只是方便说法，并不意味着先行而后促进知，或先知而后促进行，而是说知进即意味着行进，行进即意味着知进。从表面上看，阳明的知行并进说，与朱熹的知行相须说无异。但朱熹的知行相须虽然也涵有知行互相促进的意思，但这种互相促进是有时间上的先后的，或者说是互为前提的。就朱熹的知行相须来说，阳明未必反对，因为并进的提法和相须的提法并没有多大的差别，阳明所反对的，是朱熹以先后次序谈知行相须。在他看来，如果先来一个知，以促后进之行，或先来一个行，以促后进之知，依然是知行分裂，难免落个"遂终身不行，亦遂终身不知"。

四、出处与生死之道

出处之道

所谓出处，即入仕和处家，或做官和不做官，这是古代知识分子碰到的人生一大问题。《易·系辞上》说："君子之道，或出或处。"把君子的人生道路，归于不是做官，就是隐居。孔子提出从道不从禄，"用之则行，舍之则藏"。也就是说，对于士人来说，重要的是行道，而不是做官。故当出则出，不当出则处。他说："天下有道则见，无道则隐。"在有道之世，就出来做官，在无道之世，就隐居不仕。孟子则提出"达则兼济天下，穷则独善其身"。如果做上了官，就为天下百姓做一番事业；如果做不上官，就保持个人人格的完善。孔孟的这些话，几乎成为后世儒学之士的出处座右铭。

阳明被贬龙场，环境恶劣，百苦备尝，他不能不有出处的思考。他在《龙场生问答》中提出，君子因为要行道，所以才出来做官，不想行道而出来做官，这是窃位者的行为。虽然古代有为禄而做官的，但也不曾懈怠其职位。以后，他又在送黄敬夫先生的一篇序文中说：古代出来做官的人，是为了行道，今天出来做官的人，是为了获利。为了行道，就不会以夷险得失动其心，而只以道的能否被推行为忧戚。为了获利，就会怀土偷安，见利忘义，见难而退。阳明的这些话，都说君子出处要以道为目的，而不应以利身为目的。阳明的这一思想，是传统的儒者的思想。

阳明对当世的官场，表现了极大的不满。他揭露说：由于功利之毒深入人心，相习成性，士人无不钩心斗角。及其入仕，理钱谷的则想兼任兵刑，典礼乐的又想参与选举，处郡县想着藩臬之事，居台谏的又想着宰执之位，全不以天下百姓为念，而只想满足个人的私欲。官场的颓败使他深切地感到强调仕必从道不从禄的重要。

阳明说的从道，是指把仁心即爱心推之于天下百姓，视人之饥如己饥，视人之寒如己寒。他说：古时的君子，唯知天下之情不异于一乡，一乡之情不异于一家，而一家之情又不异于一身。所以能视其乡的尊卑长幼，犹家之视其身，视天下尊卑长幼，犹乡之视其家。故他无论在什么地方做官，都能安土乐天，无处而不自得。但后之人，视其父兄与自己，固已有间隔，则又何怪他择夷避险，趋利避重呢？阳明认为，志于为利，虽欲其政之善，不可得；志于行道，虽欲其政之不善，亦不可得。所以士人之出，重要的是要有行道之心。

由于看重行道，阳明虽不愿意踏入仕途，但最终还是踏入仕途。因为出比之于隐，更能行道。正德二年，阳明赴谪至钱塘，这一年弟子徐爱、蔡宗兖和朱节三人同举乡贡，赴京赶考，他很高兴，赠言说：做官虽然不是所愿，但对行道有好处，隐居虽然有其乐，但不可选择这一条路。因为天将降大任于一个人，一定要先使他违其所乐而做其所不愿做的，所以使他的身心得到锻炼，增加他原来所没有的东西。尽管阳明当时正遭受政治打击和迫害，常常有归隐之思，但对弟子，他还是鼓励他们踏入仕途。因为他深深地知道，欲行其道，那是不能不有官爵权力为凭借的。

士人可以不可以为贫而仕，或为亲老而仕呢？阳明的回答是肯定的。他引孟子的话说："仕非为贫也，而有时乎为贫，古之人皆用之，吾何为独不然？"与孟子一样，阳明也没有忽视封建社会里有大量的士人为禄而仕的事实。因此，他对禄仕也作了肯定。但是他又认为，取俸禄不是最终目的，重要的是在养家和孝父的时候，不忘立志。只要立志坚定，随事尽道，不以得失为念，则求禄仕，亦不妨碍圣贤之学。

对于纯以入仕谋求声利，钻营富贵，阳明认为那与商人的行为没有区别，都是以物役神，重外轻内，愚不可及。以后他专门写了一首《贾胡行》的诗，批判了奔走于声利之途的俗儒，并用以自警。

对于高洁之士来说，仕非所愿，志在行道，而行道又必仕，处家又非所愿，封建时代的知识分子，常常碰到这一矛盾，该如何解决呢？阳明极赞同孔子的"用之则行，舍之则藏"的态度。正德四年夏，贵州按察司副使毛宪致仕归桐江书院，同僚与阳明为毛宪饯行。席上，有人对毛公说：君子出则有所为，处则有所乐。公以名进士从政，政绩炳然，德威著名，这是有所为。而今致仕而归，垂竿读书，宠辱不与，这是有所乐。像公这样，出处都无所憾了。毛公拜谢。又有人说：

公出仕时，太夫人年老，先大夫忠襄公又遗仕进之志，公欲仕则不能养母，欲养又违父志，不得已权衡二者轻重，出而成就功业。今日归，告成于忠襄之庙，又能尽色养之孝，公的愿望是达到了。但劳国勤民之念，又怎能释然而忘呢？则公虽有归休之乐，也有所牵挂怀念！毛公听了又拜谢。又有人说：君子之道，用之则行，舍之则藏。用之而不行，那是往而不返，舍之而不藏，那是溺而不止。而公之用，即有以行之，如今舍之，能弗藏吗？我未见只有其用而无其体呢！毛公又拜谢。阳明评论说：第一个人讲的，是说出了毛公的事迹，而未尽及其心；第二个人讲的，是有深得于毛公的心，而还未尽于道；第三个人讲的，才是尽于道，尽善尽美不能再有所补充了。这才是公所遵循的原则啊！在阳明看来，君子之道，用之则行，舍之则藏。但行藏均有其体与用。用之则行，必有其可以行之处，故用之无不可行。舍之则藏，亦有其可以藏之所，故舍之无不可藏。取舍虽决于上，而行藏一由乎已；取舍固有时命，但行藏并非无可奈何。故君子于出处之际，取舍大可不必关心，而行藏则须修德进学。阳明的这一态度是积极的人生态度。

生死之道

生死是人生一大问题。季路有生死之问，孔子有未知生焉知死之答，庄子有齐生死之说，老氏有长生久视之求，佛氏有生死轮回之论，见仁见智，莫衷一是。

阳明谪居龙场，百难备尝，自己认为一切得失荣辱皆能超脱，唯有生死一念尚觉未化。于是做了一块石墩，常常坐在上

038

面，自誓说：我如今就等死了，其他还考虑什么呢？在阳明看来，透破得失荣辱易，而透破生死难，如能在生死上见得破，透得过，那就达到尽性立命了。

阳明看重生，认为人生在世，不当自忧而死，一个人对家庭、社会均有其不可推卸的道德责任和政治责任。人固然不必怕死，但轻易去死，必不能尽自己的家庭责任和社会责任。人生最感伤痛的是因为自己的死让亲人哀伤痛绝。虽说"朝闻道，夕死可矣"，但身在而后可以弘道，否则"皮之不存，毛将焉附"？身都不在了，还谈什么弘道呢？所以人必须珍爱生命。

正德四年（1509），阳明在龙场，看见有吏目带着一子一仆自京到广西就任，过龙场终不胜道路的艰辛险阻、瘴气疾疫的侵袭而相继死于路途。阳明不胜悲怆，埋而祭之。他的祭文说：古人不轻易离开乡土，游宦不超过千里。我听说你的官位只是一个吏目，俸禄不及五斗，带领妻子耕种，也有五斗的收获，为什么以五斗换你的七尺之躯呢？这还不够，又添上你的儿子和仆人。伤痛啊，伤痛！如果你真恋五斗俸禄而来，则理应欣然就道，为什么我昨天看见你的时候是这样的忧伤。你不远万里之遥，冲冒雾露，攀援崖壁，行万峰之巅，饥渴劳顿，筋骨疲惫，而又瘴疠侵于外，忧郁攻于中，这样能有不死吗？这都是自取啊！还说什么呢？我现在来埋你三骨，有着无穷的悲伤！在这里，阳明对吏目的死表示了无限的同情，对其不知自爱，轻于生死而重于利禄表示了莫大的哀痛！

五年以后，阳明在《与傅生凤》一文里也表示了同样的思想。祈县的傅凤，志存养亲而苦贫，乃记诵训诂，学文辞，期望以此取升斗之禄。结果以其用神过度而得危疾，几乎不可救治。阳明说，可怜啊！虽志存孝亲，然而却陷于不孝而不觉，真是可怜啊！傅凤听说后悚然而惊，问阳明说，家贫亲老，如不为禄仕，难道可以为孝吗？阳明说：固然不为禄仕不能说是孝亲，但求禄仕而致于疾危，以殒其身，能说是孝吗？而且殒其身而读书学文以求禄仕，禄仕能得到吗？于是傅凤泫然泣下，悔恨无穷，乞问免于不孝之道。阳明告诉他说：保养你的精神，勿伤你的身体，调整你的情感，勿辱你的亲人，尽你的职责，勿以得失存心，安于你的命运，勿以外物伤你的性情，如此就可以免于不孝了。阳明与傅凤的这一番对话，同样反映了要自爱生命，不以外物戕性残生的思想。这种思想，以后传至泰州学派王艮，就衍生出安身、保身和尊身的理论。

但是，生命固然弥足珍贵，却还有重于生命者。在儒家那里，这就是义。孟子说："鱼我所欲也，熊掌亦我所欲也。二者不可得兼，舍鱼而取熊掌者也。生，亦我所欲也，义，亦我所欲也，二者不可得兼，舍生而取义也。生亦我所欲，所欲有甚于生者。故不为苟得也；死亦我所恶，所恶有甚于死者，故患有所不辟也。如使人之所欲莫甚于生，则凡可以得生者，何不用也？使人之所恶莫甚于死者，则凡可以辟患者，何不为也？由是则生而有不用也，由是则可以辟患而有不为也。是故所欲有甚于生者，所恶有甚于死者，非独贤者有是心也，人皆有之，贤者能勿丧耳。"孟子这一段话，集中表达了儒家不以生为人生最高义，而以道义为人生最高义的观点。

阳明也一样，他虽以生为宝贵，认为不能轻易去死，但又认为死是人所不能免，问题是如何去死。为国而死，为义而死，就是死得其所；为己而死，为私而死，就是死无价值。因此他提倡孔子的"志士仁人，无求生以害仁，有杀身以成仁"。这可以说是阳明一生的思想。《传习录下》有一段阳明和弟子的对话，阳明说："只为世上人都把生身命子看得来太重，不问当死不当死，定要宛转委曲保全，以此把天理却丢去了。忍心害理，何者不为？若违了天理，便与禽兽无异，便偷生在世上百千年，也不过做千百年的禽兽。学者要于此等处看得明白。比干、龙逢只为他看得分明，所以能成就他的人。"阳明在这里指明，不当死，固然不应轻易去死，而当死而不死，势必违天害理，情同禽兽，唯有此处看得明白，像比干、关龙逢那样，才能成就自己的道德和人格。

阳明最后是死于王事的。明嘉靖七年（1528）十一月，阳明在平广西思田之乱后以病还乡，客死道路。当其弥留之际时，门人周积问有何遗言，阳明的回答是："此心光明，亦复何言！"这是阳明留给世间最后的一句话，他以其一生光明磊落而感到死无所憾。这为他的生死观作了最好的注释。

第4章

两都讲学

一、从京师到南京

正德四年（1509）底，阳明三年谪居期满，升任江西庐陵知县。虽说由于当时的政治形势，阳明对这次迁升并不感到惊喜，但毕竟是结束了三年的罪人生活，为他施展自己的才能提供了客观条件。因此，他的归隐思想有所淡化，而用世思想有所回升。

阳明在庐陵，贯彻了他的德治思想，"为政不事威刑，惟以开导人心为本"。他注重调查研究，审察乡情，掌握各乡贫富奸良之实，由是"狱蝶盈庭，不即断射"。又依国初旧制，慎选里正三老，使其委曲劝谕，重在调解，由是图圉日清。重视社会教育，在官七日之中，告示十六，使父老教诲子弟，毋令荡僻。又禁镇守横征暴敛，绝神会活动，立保甲以弭盗，清驿递以延宾旅。在短短的七个月时间，把庐陵治理得井井有条。

正德五年十一月，阳明到京入觐，馆于大兴隆寺。此时他与湛若水重逢，非常高兴。若水亦是明代著名思想家，观点与阳明相近。弘治十七年，阳明在京任兵部武选清吏司主事时，若水为翰林院庶吉士，二人曾相期以共倡圣学为事。次年阳明贬谪龙场，若水作《九章》相赠。此后一别，生死茫茫。今番重见，如何不喜？此时后军都督府都事黄绾慕阳明名，经友人储柴墟介绍，亦与阳明相识。于是黄、湛、王三人遂订终身共学之盟。十二月，朝廷任阳明为南京刑部四川清吏司主事，令下，若水和黄绾商量留阳明，遂通过冢宰杨邃庵使阳明改任吏部验封清吏司主事。时若水住长安灰厂，阳明亦搬至长安灰厂若水宅右边居住，由是若水、阳明和黄绾三人自职事之余，一有闲暇，必在一起探讨学术，切磋学问，有如鱼水。

此后，方献夫亦来受学。献夫时为吏部郎中，位在阳明之上，及闻阳明论学，就执贽事以师礼。此外，这一时期来就学的还有穆孔晖、顾应详、郑一初、应良等二十余人。

这一时期阳明最为关注的，是修养实践之力。他认为，学为圣人，必须廓清心体。有学生疑其难，阳明说，圣人之心明如镜，自然不须磨刮廓清。若常人之心，有如未开之镜，只有痛下功夫，磨刮一番，才能廓清驳蚀。如果好易恶难，不下功夫，必然流入禅学。这种重视实践的功夫，在阳明那里，乃是一贯的。

此时阳明还详为朱陆同异之辨。他既倡心学，自然涉及朱陆的关系问题。还在龙场时，席书已向阳明问及这一问题，阳明当时未为详答。此时王舆庵与徐成之为这一问题辩论不绝，阳明详为分析。他认为，陆象山不专尊德性，而朱熹不专道问学。因为陆子未尝不教其徒读书，而朱子亦说"居敬穷理"。故朱陆虽其为学不同，而皆不失为圣之徒。只是朱子之学，流传日广，天下之人童而习之，深入人心；而陆子之学，却被废弃，可谓太不公平。阳明此时虽然没有是陆非朱，但他欲光大陆学的思想倾向是明显的。

正德六年十月，阳明升文选清吏司员外郎。是时，湛若水奉命出使安南封国。二人分别，依依不舍，阳明作《别湛甘泉》二首，又作《别甘泉序》以志。

次年三月，阳明升吏部考功清吏司郎中。十二月，又升南京太仆寺少卿，便道归省。这一年，弟子徐爱升南京工部员外郎，与阳明同舟归越。由此，阳明结束了在京两年的官宦生活。在与徐爱同舟归越的途中，阳明论《大学》宗旨，使徐爱"闻之踊跃痛快，如狂如醒者数日""不觉手舞足蹈"，说明阳明的新说具有很强的吸引力。

正德八年十月，阳明由家乡赴南京就任，分署滁州督马政。滁州山清水秀，阳明督马政，地僻官闲，日与门人遨游琅琊、瀼泉之间，月夜则与学生环龙潭而坐。学生多的时候有数百人，诸生随地请教，踊跃歌舞。阳明教学的规模，从滁州开始一天比一天大。阳明作于此时的《山中示诸生》说："滁流亦沂水，童冠得几人？莫负咏归兴，溪山正暮春。"当年，子路、曾点、冉有、公西华侍孔子，孔子让他们各言其志。曾点说："暮春者，春服既成，冠者五六人，童子六七人，浴乎沂，风乎舞雩。咏而归。"孔子听了喟然而叹："吾与点也。"孔子此时已清醒地知道自己的道不能推行，曾点志在道而不在政，意在隐而不在出，引起孔子心灵的共鸣。阳明此时的心情，可以说是与孔子息息相通的。故他在滁州乐山乐水，并在游山玩水间点化学生。

阳明滁州讲学，最强调的是静坐。他后来回忆说："吾居滁时，见诸生多务知解，口耳异同，无益于得，姑教之静坐。一时窥见光景，颇收近效。"《传习录下》又说："教人为学，不可执一偏。初学时心猿意马，拴缚不定，其所思虑，多是人欲一边，故且教之静坐、息思虑。久之，俟其心意稍定，只悬空静守如槁木死灰，亦无用，须教他省察克治。"阳明教人静坐，后来被人视为禅学。其实他只把静坐作为入门的途径，他知道如果仅仅守静，就有沦入枯槁之弊。

次年四月，阳明升南京鸿胪寺卿。五月到南京。此时阳明的讲学规模又有发展。他的得意弟子徐爱在南京任工部员外郎。黄宗明、薛侃、马明衡、陆澄、季本、许相卿、王激、诸偁、林达、张寰、唐愈贤、饶文璧、刘观时、郑骝、周积、郭庆、栾惠、刘晓、何鳌、陈杰、杨杓、白说、彭一之、朱箎等同聚师门，日夕请教，无有懈怠。

阳明南都讲学，主要以存天理去人欲为主。阳明说，吾"南畿论学，只教学者存天理，去人欲，为省察克治实功"。末俗的卑污在于"功利之毒沦浃于人之心髓，而习以成性"，故阳明教人静坐，以自悟心体，并非教人坐禅入定，不意有人放言高论，渐背师教，混淆佛儒，故阳明又强调存天理去人欲。

在南都，阳明还完成了一项重要的学术工作，这就是编定《朱子晚年定论》。阳明倡为心学，这就不能不与朱子的理论相悖离，被人视为"立异好奇"。为了融和与朱子的矛盾，阳明提出了一个朱子晚年定论说。他采集了朱子强调涵养的若干书信，编为一册，取名《朱子晚年定论》。他认为这些书信，是朱子思想成熟的论著，而早年的著作，如世之所传的《集注》《或问》之类，那只是中年未定之论，不足以反映朱子的思想。阳明的《朱子晚年定论》遭到众多学者的非议。如罗钦顺就向他指出其中有些并非出自朱子晚年。阳明在复信中承认这一事实，表白自己所以这样做，有着"不得已而然"的苦心。《朱子晚年定论》的编定，表明阳明传播心学，已由自发进到自觉。

在南都，也许是由于闲官闲职的缘故，阳明的归隐思想又有所抬头。翌年正月，朝廷举考察之典，阳明上疏要求致仕，没有得到批准。八月又上疏以疾求养病，也没有被同意。正德十一年，以兵部尚书王琼的特举，升阳明为都察院左佥都御史，抚镇南赣、汀漳等处。既入仕途，身不由己，此年十月，他归越探家，次年正月，就赴江西上任了。

二、存天理去人欲

存天理去人欲是程朱理学的主要道德修养命题。朱熹说："学者须是革尽人欲，复尽天理，方始是学。"又说："圣贤千言万语，只是教人明天理，灭人欲。"可见他对存天理去人欲的重视。

阳明的思想体系虽说与程朱不同，但在主张存天理去人欲问题上，却与程朱无异，特别是在南都讲学，更是强调存天理去人欲。阳明认为，存天理去人欲是做人的根本，学问的头脑。只有此心毫无人欲，纯是天理，发之事父即是孝，用之事君即是忠，以之交友治民即是信和仁。譬如树木，有其根才有枝叶，不是先有枝叶才去种根，故能存天理去人欲的便是圣贤，而不能存天理去人欲的则是禽兽。因此，做人必以此为本，而学问必以此为根。

何谓天理？何谓人欲？程朱都以合乎封建社会政治伦理原则和规范为天理，而以不合这一政治伦理原则和规范的意念为人欲。有人问朱熹："饮食之间，孰为天理，孰为人欲？"朱熹的回答是："饮食者，天理也。要求美味，人欲也。"阳明是以心本体的廓然大公说天理，就内容看，他的天理与程朱的天理并无本质的区别，只是程朱的天理是内在于人心又超越于人心，而阳明的天理只内在于人心，心就是天理。至于人欲，阳明和程朱一样，都是指人的好色、好货、好利、好名以及由此而来的闲思杂虑。阳明也和程朱一样，认为天理人欲是对立的："去得人欲，便识天理"，"天理人欲不并立，安有天理为主，人欲又从而听命者"？他虽反对朱熹人心听命道心的提法，但就天理人欲不并立，彼消此长，此消彼长来说，则与程朱无异。

但是，天理虽是心本体，而存天理却不能凭空去悬想一个本体上的天理，必须于事物上实实在在地去存天理，或者说于心体的发用上去存天理。"如发见于事亲时，就在事亲上学存此天理；发见于事君时，就在事君上学存此天理；发见于处富贵贫贱时，就在处富贵贫贱上学存此天理；发见于处患难夷狄时，就在处患难夷狄上学存此天理；至于作止语默，无处不然，随他发见处，即就那上面学个存天理。"照阳明的意思，天理虽即心体，但心之所在，即是事即是物，故天理的发见，又离不开事物。存天理必须在事物上实实在在去做，而不能凭空悬想。

从理论上说，阳明的存天理去人欲和程朱一样，都不是二事而是一事。也就是说，存天理去人欲并不是先存天理而后去人欲，也不是先去人欲而后存天理。天理人欲原是一个问题的两个方面，存天理即意味着去人欲，而去人欲也就是存天理。如以日光喻天理，以浮云喻人欲，那么，既见日光，便无浮云，既去浮云，就见日光，而不是于日光中又添一灯。但是，在实际上，对于阳明来说，存天理去人欲二者比较起来，他又似乎强调以去人欲为先，而不强调以存天理为首。因为他既把天理视为心之本体和与生而来的天德良知，那么要保持心体的全体莹彻，就必须扫除尘埃，荡涤斑痕。只有将好色、好货、好利、好名之心扫除干净，始见心体纤尘不染，有如明镜。所以存天理事实上也就是去人欲的另一说法，而存天理去人欲的功夫，事实上只是去人欲的功夫而已。

至于如何去人欲，阳明强调必防之于人欲未萌之先，去之于人欲将萌之际。人欲既然未萌，就让人防之于先，是不是多此一举呢？阳明认为，此一功夫并非多余。譬如病虐之人，虽有时不发，而病根原不曾去。病根不曾除去，虽然不发，就说不上是无病之人。在阳明看来，防之于未萌之先，比克之于将萌之时要省力，去之于方萌之际，比去之于已萌之后要容易。

总而言之，存天理去人欲也是阳明道德修养的核心命题。与程朱一样，他亦要向罪恶的人欲开火，而维持封建社会的所谓天理。在这一问题上，阳明与程朱并无分歧，分歧只在如何做到存天理去人欲的方法与途径上。

三、实践修养之功

在南都，阳明强调存天理去人欲。由于把天理看成即是心之本体，因其受人欲，亦即好色、好利、好名之心的蒙蔽而不得彰显，事实上他也就把存天理去人欲归结为去人欲。因此，他强调去人欲的实践之功，而不强调对天理的认知之功。

阳明认为，圣人之心清如明镜，全体莹彻透亮，一尘不染，故用不着磨刮。至于常人之心，有如斑垢驳蚀之镜，那是必须痛下一番磨刮的功夫的。经过磨刮，去其驳蚀，此后纵然落上纤尘，也可以一拂即去，不费力气。如果不加磨刮，其间虽有一点明处，落上尘埃后可以拂去，但是尘埃落在斑驳之处，那就看不见，拂不去了。圣凡的区别，就在此处，所以道德修养不可不加实践之功。

阳明的实践之功，包括许多方面，在两都讲学中，他提出来的实践之功，主要有静坐、省察克治、事上磨炼、改过等等。

静坐。静坐是儒家倡导的重要修养实践。陆九渊教人，就是半日静坐半日读书。静坐所以重要，就是静坐可以收心。他的一位学生说，先兄常言"学者能常闭目亦佳"。他因此无事就安坐瞑目，用力操存，夜以继日，得到陆九渊的肯定和鼓励。

阳明也一样，在两都讲学中，常教学生静坐，以便自悟心体。阳明多次强调，他的静坐和佛家的坐禅入定不一样。所以必须静坐，是因为平日为外物所扰，未知为己，所以必须以静坐补小学收放心的一段功夫。只有静心，才使心体摆脱外物的纷扰，否则凡事就不能专心致志，读书再多也是无效的。

省察克治。省察克治是说克己，亦即约束自己。这也是儒者的修养之功。孔子说，"克己复礼为仁"。约束自己，回到礼的轨道，这就是仁。阳明认为，省察克治，在功夫上说，比之于静坐，又进了一步。他说：初学时心猿意马，其所思虑，多是人欲一边，所以必教以静坐，以便息思虑。时间一长，习意稍定以后，如只悬空静守如槁木死灰，那也没有什么用处，此时就必须教他省察克治。如去盗贼，必须要扫除廓清。无时把那些好色、好货、好名等私念一一加以追究，搜寻出来，拔去病根，使它永不复起。这正像猫的捕鼠，眼睛看着，耳朵听着，才有一念萌动，即与除去，不可窝藏，不可放它出路，这才是真实用功。故省察克治是初学的人所不能缺少的。

事上磨炼。事上磨炼也是儒家传统的修养功夫。孟子说，舜曾在历山耕种，傅说做建筑工，胶鬲贩过鱼盐，管仲囚于士官，孙叔敖隐于海滨，百里奚做过别人的奴隶，这些人在成就事业之前，都经过了艰难生活的磨炼。"故天将降大任于斯人也，必先苦其心志，劳其筋骨，饿其体肤，空乏其身，行拂乱其所为，所以动心忍性，增益其所不能"。一个人如果不经过一番磨炼，那是不可能有所作为的。阳明也像孟子一样，在教学中提倡事上磨炼。他说："人须在事上磨炼做功夫，乃有益，若只好静，遇事便乱，终无长进。"他的弟子陆澄在鸿胪寺仓住的时候，接家信言儿病危，不堪忧闷之至。阳明就对他说：此时正是磨炼自己的时候。父之爱子，自是人间至情，但凡事都要有个度。过度即是私意。大抵七情所感，多半是过，很少不及。过就不是心之本体，必须调停适中。正如父母之丧，作为人子哪一个不想一哭便死，但圣人为什么又讲一个"毁不灭性"？这不是圣人的强制，而是说凡事都不能过中。《传习录下》还讲了这样一个故事：有一个属官，因久听阳明讲学，感叹道：此学虽然好，只是平日簿书讼狱繁难，不得为学。阳明对他说：我何尝让你离开簿书讼狱去悬空为学？你既有官司的事，就从官司上为学，这才叫真格物。比如断案，就不能因他应对无状，便起怒心；也不能因为他语言圆转，就起喜心；不能讨厌他有所嘱托，就加意惩治；也不能因他请求，就违心同意；不能因为自己事务烦冗，就随意断决；也不可因为别人的毁谤罗织，就随人意见予以处理。要知道在这些地方，都是锻炼自己心性之处。如果离开事上磨炼，就是著空。人们常常认为心学是空谈心性，其实阳明是很重视事上磨炼的。

改过。改过亦是儒家极为重视的实践修养之功。孔子说："过而不改，是为过矣。"人的过错并不可怕，问题是要改。阳明也极重视改过在涵养品性中的作用。在龙场时，他就向学生提出过立志、责善、改过等要求。在两都讲学中，更把改过看作涵养品性的功夫。《传习录上》载，弟子孟源有一个好名的缺点。阳明屡屡加以批评，对他说：这是你一生的大病根。譬如方丈之地有一棵大树，雨露滋润，地脉滋养，只养得这个大根。周围纵要种些嘉谷，上面被树叶遮覆，下面被这树根盘结，又如何长得成？所以必须去伐此树，使其纤根勿留，然后才可以种植嘉谷。否则任你如何耕耘培壅，只是滋养得这一树根。故有过不能不改。改过是阳明修身养性的重要实践之功。

四、朱陆同异之辨

辨析朱陆思想的同异，是阳明此一时期讲学的重要内容。

朱熹和陆九渊是南宋同时代的思想家。虽然他们学说的终极目的是相同的，如黄宗羲所说，都是维护纲常名教，但其理论体系和治学方法却不相同。朱熹的"天理"既超越万物之上，又内在于万物之中。天理充塞于天地之间，弥沦于宇宙之际，天得之以为天，地得之以为地，而凡生于天地之间者，又各得之以为性。如此，天理又内在于万物之中。而陆九渊却认为心即理，人皆有是心，心即具此理，心和理是一不是二。朱熹析心理为二，陆九渊则合心理为一，这是朱陆二人的基本分歧。由此出发，在治学方法上，朱熹强调"道问学"，即通过学习圣人的理论，达到涵养自己品性的目的；而陆九渊强调"尊德性"，即只有保持自己心地的洁净，才能读书，才能作圣，他把这一方法称为易简功夫。陆九渊曾嘲笑朱学是繁杂而无中心，正如一贯钱，没有贯穿中心的绳子，铜钱不能不散落一地。朱熹则反唇相讥，说陆学只有一条穿钱的绳子，却没有一个铜钱。朱陆的分歧引起当时学界的注意，思想家吕祖谦邀集朱陆两家在江西信州鹅湖寺会面，意在调和两家的矛盾，这就是著名的鹅湖之会。但是没有结果。

从思想上说，阳明是赞同陆九渊，而不赞成朱熹的。他认为陆氏之学简易直截，是孟子之学的真传。而世之学者，以其与朱学有异，而遂诋为禅，这是完全没有道理的。但为了不致在学生中和社会引起太大的震动，在讲学中，阳明没有采取公开批评朱学的方式，而是调和两家的矛盾。当其弟子王舆庵是陆非朱，而徐成之偏向朱学，二人争辩不休请决于阳明时，阳明告诉他们说：舆庵主象山，说他以尊德性为主，其实如今看《象山文集》，也并不是不教其徒读书。他所主张的"学问之道无他，求其放心而已""先立乎其大者，而小者不能夺"，也和孔孟的精神一以贯之，不能认为是空虚之论，虽然其"易简觉悟"之说颇受人所疑，但易简出自《系辞》；"觉悟"虽出于佛氏，但佛氏也不是没有同于儒家的地方。不必因佛有"觉悟"而惧言觉悟。成之是朱非陆，说朱子以道问学为事，但朱子亦说"居敬穷理""非存心无以致知"，也不是专言"道问学"而讳言"尊德性"的。因此，并不能说朱学是支离。只因为他平日汲汲于注释经籍，并详加考辨，论者遂疑其支离。其实支离只是朱子后学之弊，并不是朱子的缺点。阳明的这段论述说明，他认为王舆庵和徐成之都只是看到问题的一个方面，都没有客观公正地看待朱陆两家。

如此看来非朱是陆，和是朱非陆是不是半斤八两、不分上下了呢？在阳明看来，似又不能这样。阳明认为，朱子和象山，虽然都是圣人之徒。但朱子的学说天下认同而习之，已经深入人心。而象山之学，则因为他与朱子有异，却受到了世人的冷落，如果只肯定朱子而否定象山，这就无异于只宝贵斌玞视同美玉，是有些过分了。所以他要发扬象山湮没百年之学，如以此得罪，也绝无悔恨。

从表面上看，阳明对朱陆两家作了两是的评价。他之继承陆学，仅仅出于不想使陆学再湮没无闻的考虑。其实，朱陆两家虽然说不上根本矛盾，但其理论体系的不同和治学方法的异趣，是显而易见的。有鉴朱学在社会上和弟子中的影响，他不能采取尖锐地批评朱学的立场，他必须调和两家的矛盾，而在调和中为陆学开辟道路。这样，才不致给学界造成太多的震动。阳明的这一番苦心是显而易见的。这就是他为什么要编撰《朱子晚年定论》的缘由。

五、《大学》古本与改本之辨

《大学》一书是儒家的四书之一，是宋明以降的知识分子的必读书。朱熹十分重视《大学》一书，认为《大学》是士人变化气质、去人欲存天理的入门处。阳明亦十分重视《大学》一书，其平时所论，唯揭《大学》宗旨，以指示人心。阳明的《大学问》，就是系统地阐述《大学》宗旨的入门教典，可见阳明对《大学》的重视，并不亚于朱熹。

但是历代对《大学》的看法，却存在着很大的分歧。《大学》一书亦有古本和改本的区分。所谓《大学》古本，是指汉郑玄作注的《大学》，即今保留在《十三经注疏》里的《大学》文本。所谓改本，是宋明以后一些学者认为《大学》原文有错简和遗失，他们根据自己的考据对《大学》原文加以整理和增补而形成的《大学》修改本。宋明的修改本很多，宋有程颢、程颐的改本，有朱熹的改本，元有王柏改本，明有蔡清改本，等等。在这些改本中，以朱熹的改本最为著名，朱熹所作的《四书集注》中的《大学》集注，即是对其改本的注。由于宋以后朱学盛行，朱熹《四书集注》是知识分子的必读教科书，故朱熹的改本被看成是《大学》最权威的版本。

朱熹《大学》改本和《大学》古本的差异是古本不分经传。首段述明明德、亲民、止于至善及格物、致知、诚意、正心、修身、齐家、治国、平天下八个条目。紧接首段之后，就依次阐释"所谓诚其意者""所谓修身正其心者""所谓齐其家在修其身者""所谓治国必先齐其家者""所谓平天下在治其国者"。而改本则分一经十传，以古本首段为经，据首段意，尔后分十章阐释明明德、亲民、止于至善、本末等八个条目。在这一分章的过程中，由于行文逻辑层次的需要，朱熹把古本原文不少段落，作了前后移易的处置。

当然，所有这些还不是最重要的不同。最重要的不同是，古本没有阐释所谓"致知在格物"者，而在交代了明明德、亲民、止于至善以后，即阐述"所谓诚其意者"，它强调的是"诚意"。而朱熹认为，这是因为遗失阙文造成的，因此是他据程子之意作了格物致知的补传。这样，改本就突出了"格物致知"的内容。阳明推崇古本而否定改本。因而他认为"诚意"是《大学》的中心，而不认为"格物致知"是《大学》的宗旨。

阳明所谓的诚意，即着实地去恶归善。在他看来，心无不善，动而后有不善，诚意即去恶归善，以复心之本体。而格物不过是诚意之功。格物如不以诚意为归宿，格物就陷于物上求理，难免支离。改本突出格物，正有此弊。

阳明对朱熹的改本不以诚意为主，而突出格事物之理提出了批评，认为格事物之理，为善去恶之功终无根源。朱熹又以强调"敬"来补救，其实未免画蛇添足。而这些弊病，《大学》古本一应皆无。因此，阳明不能不推崇《大学》古本，《大学》

古本无疑是王学的经典依据所在。

《大学》古本和改本之辨，不是经典考据上的争辩，而是反映了王学和朱学的思想分歧。肯定《大学》古本，否定《大学》改本，反映了阳明在传播自己学说各方面所作的各种努力，包括重新勘定儒家经典方面的努力。

六、《朱子晚年定论》

编定《朱子晚年定论》一书，是阳明在两都讲学期间所做的又一件重要学术工作。

阳明的学术思想，以其与朱子学有异，在当时受到时儒，特别是朱子后学的批评。因此，如何协调自己与朱学的关系，始终是阳明一生学术活动中的一大问题。

阳明一度曾对朱子的学说采取公开批评的立场。正德七年（1512），阳明升任南京太仆寺少卿，与徐爱同舟归越，途中与徐爱论学，就曾斥责"朱子格物之训，未免牵合附会"，但公开的批评一方面很容易激起朱子后学的反感，另一方面又在弟子中助长批评朱学的风气，容易挑起学派之间的争端。所以在正德九年官留都讲学时，他就改变了这一做法，而采取编辑《朱子晚年定论》的方式调和与朱子思想的矛盾，以尽量减少王学传播中的阻力。《朱子晚年定论》又在正德十三年与古本《大学》《传习录》一起刻于南赣。可以说编刻《朱子晚年定论》，是阳明一生学术活动中的重要事件。

所谓《朱子晚年定论》，即收集朱熹与友人论学的三十四封书信，编为一辑。阳明认为这些书信，是朱熹晚年学术思想的定见；此前所论，皆是其中年未定之论，不足为据云云。在《朱子晚年定论》序言里，阳明申明：（1）自己的学说是从生活实践中体悟出来的，它与朱学的矛盾只是与其中年未定之说的矛盾。（2）朱子晚年有其定论，已经大悟中年之说的非是，只是思改正而未及改正。（3）世儒只拘守朱子中年之论，而不闻其晚年定论，所以扰乱正学。

阳明很看重自己的《朱子晚年定论》，认为它既帮助传播了心学，又因为它是朱子自己的文章，更堵住朱门后学的嘴，达到了一箭双雕的目的。正德十四年（1519），即在刻《朱子晚年定论》一年以后，阳明在给安之的信中说，官留都时因为反对者多，编辑《朱子晚年定论》，是想借此以解纷。最近门人刻于虔都，士大夫读过以后，往往有所开悟，不想得此书的帮助，省去了好多口舌之劳。近年来篁墩诸公曾作《道一》篇宣传心学，读此书的因为先怀党同伐异之念，所以不但起不到传道作用，反而激其为怒。现在我只取朱子自己的话加以宣传，自己不加一辞，虽有偏见之人，也无所施其愤怒了。

阳明的《朱子晚年定论》所辑朱子的三十四封书信，从内容看，朱子的确有检讨自己往日过于支离，忘己逐物，贪外虚内的毛病。这种思想倾向，确实与阳明及陆九渊有着某些相似之处。但问题是，这些书信是否为朱熹晚年所作？能不能称得上是"晚年定论"？

在这个问题上，阳明显然有只顾需要，而有失考证之实。朱子生于宋高宗建炎四年（1130），卒于宋宁宗庆元六年（1200），终年七十一岁。要说晚年，在五十岁以前是决谈不上晚年的。但是收入《朱子晚年定论》的书信，其中《答何叔京二》作于宋孝宗乾道四年（1168），时年朱熹三十九岁；《答林择之》作于宋孝宗乾道六年，时年朱熹四十一岁；《答林充之》和另一封《答林择之》作于宋孝宗乾道五年，时年朱熹四十岁。此外的一部分，作于五十岁到六十岁之间。平心而论，《朱子晚年定论》中许多书信是不能称为朱子晚年定论的。这一点，当时已有不少学者指出过。正德十五年（1520）六月，阳明在江西擒获宁王后，至泰和，时少宰罗钦顺家居以书问学，即向他指出《朱子晚年定论》考据失实，其中不乏早年之作。阳明在答书中也不能不承认这一点，只是申明自己有不得已而为之者的苦心。

另外，收入《朱子晚年定论》里的书信，虽说有重心重内的倾向，其实并不能构成一个完整的思想体系。朱子的思想体系，把形上世界和形下世界加以区别，以理先气后，人人具一太极，物物有一太极，人心具众理而应万物为特征，以格物致知，即物穷理为方法，构成了一个严密的理论体系。朱子非不重视心，其不同于王学所在，在宇宙论上是认理气为二，在道德修养和认识论上是析心理为二、知先行后，而不同于阳明的理气合一、心理合一、心物合一、知行合一等等。因此，这些书信虽有反省以往为学方法之处，我们也并不能说是大悟往日学说之非的。这说明在理论上，阳明的朱子晚年定论说是缺少依据的。

第5章

巡抚南赣

一、平定南赣之乱

正德十二年（1517）正月，阳明由越入赣。对于此次赴任，他是不愿意的，只是身不由己。一到江西，所见满目疮痍，这使他的心情更加沉重。这见之于这一时期他作的许多诗，其中有这样的句子："疮痍到处曾无补，翻忆钟山旧草堂。""忧民无计泪空堕，谢病几时归海浔？"但是，重回钟山草堂讲学已不可能，谢病归越亦无希望，他只有在仕途上深一脚浅一脚地走下去。

终明之世，江西、福建、广东、湖广等地不断出现农民起义。他们攻陷州县，杀官吏，掠库藏，焚官舍。南赣地形险峻，故义军尽聚南赣。于是西有横水、左溪、桶冈三寨，接湖广桂阳；南有浰头上中下诸寨，接广东乐昌龙川。凡江西、广东、湖广、福建之间，方圆数千里皆乱。成化二十三年（1487），江西巡抚李昂曾以南赣险峻，奏设分守参将兵备副使于会昌县。弘治中镇监邓原复请增设巡抚驻赣，专理民变，亦无效果。至正德年间，则谢志山据横水，兰廷凤据左溪，钟景据桶冈，池仲容据浰头。特别是谢志山，号征南王，纠率钟明贵、萧贵模、陈曰能等，并约乐昌高快马等人大修战具，并造吕公车，规模越来越大。开始，朝廷命文森为赣抚进剿，但文森惧怕，称疾不受命。于是兵部尚书王琼擢阳明为都察院左佥都御史，巡抚其地。

农民所以起义，自是官府的残酷剥削所致。南赣连同福建的汀漳、湖广的桂阳、广东的龙川，方圆数千里皆是山区，土地稀薄，易涝易旱，亩产极低，而官家征粮依然不减。故此地百姓比平原旷野之处的居民更加不堪负担。官府的聚敛是南赣人民造反的根本原因。对比，阳明有着清醒的认识，他看到农民造反，"其间想亦有不得已者。或是为官府所迫。或是为大户所侵，一时错起念头，误入其中，后遂不敢出。此等苦情，亦甚可悯"。但作为一任高官，他所考虑的是朝廷的利益，不可能站在农民一边，或者拒绝前往南赣征讨的。

阳明至南赣，首先对各地的义军概况作了充分的调查研究，并就加强官军的军力，采取了一系列的措施。这主要是：（1）行十家牌法，肃清官军内部奸细，并强化社会治安。（2）就地选取民兵，组织地方武装，精简官军，淘汰老弱，振奋士兵精神。（3）重新编制队伍，建立兵符，从实用出发，强化训练。（4）疏通盐法，就地解决给养，足兵足食。（5）上疏朝廷，请求便宜行事，取得作战的主动权。（6）申明军纪，严格赏罚，激励军心。（7）加强对敌宣传攻势，剿抚结合。（8）立社学，举乡约，把军事和社会教育结为一体。（9）一边兴师征讨，一边相机建立新的县治，把军事行动和政治设施相结合。（10）积极为部下请功，充分调动各级官兵的积极性。这些措施的贯彻和实行，大大提高了官军的战斗力。

阳明又以南赣义军势盛，移文福建、广东等省兵备，克期进兵。正德十二年（1517）正月，阳明首战漳南义军。月底进兵长富村获胜。义军退守象湖山，官军追至莲花石受挫。众议退兵，俟秋后再举。阳明说服众将实行官军会剿，利在速决。他对义军外示宽懈，暗里加紧进攻准备，于二月十九日乘夜进兵，攻克象湖山。会福建兵攻克长富村义军据点，广东兵攻破水竹义军据点，杀詹师富、温火烧等首领，于是漳南义军被镇压。阳明奏设平和县治于河头，以加强对地方的控制。

四月班师。九月，朝廷改授阳明提督南赣、汀漳等处军务。给旗牌，得便宜行事。由此，阳明用兵有了更大的主动权。经过几个月的休整后，又于此年十月进攻横水、左溪、桶冈等地义军。阳明不取湖广巡抚都御史陈金三省夹攻桶冈的建议，拟定了先横水，次左溪，后桶冈的进军方略。自十月己酉秘密进兵，至十一月，破横水、左溪义军据点五十余所，擒斩义军大首领谢志山。后又以计袭破桶冈天险，擒斩义军大首领蓝廷凤等人，于是奏设崇义县治于横水，以加强对辖区的控制。

正德十二年年底班师。次年正月，又进兵浰头。阳明利用浰头义军首领池仲容与已投官军的龙川义军首领卢珂的矛盾，以及池仲容假投官军的举止，将计就计，袭破浰头寨。义军余部退守天险九连山，阳明又以官军装扮逃奔的义军，打入义军内部，攻破了九连山。阳明又奏设和平县治，以控制其地。

正德十三年六月，阳明以功升都察院右副都御史。至此，南赣义军全部被镇压。

阳明在南赣，于紧张的军事行动中，依然没有停止讲学活动。在征横水、三浰时，他在给门生的信中说："破山中贼易，破心中贼难。"这句话表明，他把解决不利于封建统治的思想问题看得比解决义军问题更为重要。故他在戎马倥偬中，依然设帐讲学。在南赣，门人薛侃、欧阳德、梁焯、何廷仁、黄弘纲、薛俊、杨骥、郭治、周仲、周魁、郭持平、刘道、袁梦麟、王舜鹏、王学益、佘光、黄槐密、黄莹、吴伦、陈稷刘、鲁扶戮、吴鹤、薛侨、薛宗铨、欧阳昱等，皆讲聚不散。浰头平后，阳明回军休整，日与门生发明《大学》本旨，指示入道之方。正德十二年七月，他把在南京编辑的古本《大学》及《朱子晚年定论》在赣州加以付印。八月，薛侃亦将徐爱编的《传习录》予以付印。九月，因四方学者来赣从学日多，又修濂溪书院以居学者。

阳明平南赣义军，是他一生三大事功勋业的第一项。今人评价阳明，凡贬阳明者无不突出他对义军的血腥镇压，而回护阳明者又多半对他这一段历史轻描淡写，或一笔带过。其实，我们既不要回护，亦不必刻意渲染。作为朝廷高官，敌视农民起义原是很平常的，并非仅阳明如此，可贵的是他并不以此居功自傲，而只愿朝廷改良政治，轻徭薄赋，不要再造成农民起义。而对个人的出处，他只求归隐越城，终老丘园，"乞身已拟全师日，归扫溪边旧钓台"。正德十四年（1519）正月，他以祖母病上疏请求致仕归家，但没有被批准。他只得又在仕途上走下去。

二、用兵以安民为本

用兵以安民为本，是说战争的目的在于安民，又指安民是克敌制胜的根本条件。古来著名的军事家与好战者或一般将领的区别是，他们认识到战争本身不是目的，而必以安民保国为目的，因而不轻易用兵，乐于杀人。老子说："兵者不祥之器，非君子之器，不得已而用之，恬淡为上。胜而不美，而美之者，是乐杀人。"孙子说："是故百战百胜，非善之善者也；不战而屈人之兵，善之善者也。"这都指明用兵不能以杀人为目的，故君子要慎重用兵，最好是不战而屈人之兵。

阳明与老子、孙子亦有同一认识。他认为兵凶战危，圣人不得已而用之。他评论《孙子》时，认为孙子作兵法，所以在《始计篇》里提出"未战"之时，筹划严密周详者胜，而不严不详者败，在《作战篇》里提出师以速胜为利，在《谋攻篇》中又提出"不战而屈人之兵"，原因不是别的，只在想用不战取胜于人。阳明认为，孙子的"凡用兵之法，全国为上，破国次之；全军为上，破军次之；全旅为上，破旅次之；全卒为上，破卒次之；全伍为上，破伍次之"，此一"全"字，也是指以不战而取胜于人。之所以强调不战而取胜于人，在于用兵不仅造成士兵伤亡，而且造成社会经济的破坏，会给人民带来深重的苦难。因此，对于用兵，他是持慎之又慎的态度的。

阳明提出用兵以安民为本的主张。他在南赣写给王晋溪司马的信中说："夫弭盗所以安民，而安民者弭盗之本。今责之以弭盗，而使无与于民，犹专以药石攻病，而不复问其饮食调适之宜，病有日增而已矣。"阳明所说的弭盗是扑灭农民起义。在他看来扑灭农民起义是为了人民，这当然是阶级偏见，但作为军事思想，把用兵和安民联系起来，且把安民作为用兵的目标，认为如果将帅不与民事，而专责以弭盗，正如治病只管药石而不知饮食调适一样。他的这一思想无疑是深刻的。

出于这样的认识，在"剿"和"抚"的问题上，阳明是倚重"抚"的。所谓剿，即通过军事手段解决；所谓抚，即以非军事的政治手段解决。他认为，能抚则抚，不能抚才取剿。对于南赣的义军，他虽取进剿的方法，而以后在处理广西思田之乱时，则坚决取抚的办法。因为他认定思田之乱只是少数民族中的内乱，没有南赣农民起义军所具有的反叛朝廷的性质。如果只想穷兵雪愤，终令制胜，亦有十患，而罢兵行抚，则有十善，十患的核心是不能安民，而十善的要义则在于安民。

为着安民，阳明在用兵胜利以后，又着手进行政权建设。在平南赣后，于河头设平和县治，平横水、桶冈后，又于横水特设崇义县治，袭破三浰后，又在和平峒羊子建和平县治。所有这些措施，在阳明之意，无非是以加强统治来巩固用兵的胜利，达到安民的目的。这一点，他在正德十三年（1518）五月的《添设和平县治疏》里说得明白："若县治不立，制驭阔疏，不过一年，泛然投招之人必皆复化为盗，其时又复兴师征剿，剿而复聚，长此不已，乱将安穷。"因此，兵后设立县治，实为长治久安之策。

人们当然可以指责阳明添设县治是强化对人民的钳制。我们这里不去讨论这一指责是否合乎历史主义，而只是想说，他看到用兵过后，要随之有政权建设，他仅仅把用兵看成政治的手段，无疑是用兵以安民为本思想的反映，比之只知用兵进剿杀人的其他提督兵备，其思想无疑是深刻的。

阳明不但把安民视为用兵的目的，而且还以安民为用兵的前提和条件。以后，阳明在平朱宸濠之乱时，一开始即移文远近，一方面揭露朱宸濠的罪恶，另一方面宣布朝廷的恩德，蠲免百姓租赋，以安人心。他深知平藩之战是一争夺人心之战，朱宸濠尚知争夺民心，其反叛之初，即以伪檄除租以笼人心，而身为父母官的，却不知安民，这就无怪百姓揭竿而起了。

阳明的用兵以安民为本的思想，是儒家传统的军事思想，他以自己的用兵实践，发展和丰富了这一传统的军事思想。

三、兵以粮饷为先

调兵作战，必须要有充分的物资保障，特别是粮草的储备和运输。孙子在《作战篇》里说："凡用兵之法，驰车千驷，革车千乘，带甲十万，千里馈粮，则内外之费，宾客之用，胶漆之材，车甲之奉，日费千金。然后十万之师举矣。"可以说，没有充足的物资，尤其是充足的粮草就谈不上举师作战。

阳明密切关注用兵的粮饷问题。在征南赣时，他算了一笔账。南赣"兵一万二千余名，每名日给米三升，一日该米三百七十余石，间日折支银一分五厘，一日该银一百八十余两；以六个月为率，约用米三万三千余石，用银二万余两，领哨、统兵、旗牌等官，并使客合有禀给及赏功犒劳牛酒、银牌、花红、鱼、盐、火药等费，约用银二万余两。通前二项，约共银五万两"。而如果以朝廷的三省会攻，必须要有十万兵，而十

065

万兵的一日开支，如依南赣之例，则日需粮食三千余石，银一千余两，如此大量的钱粮，如果要向百姓摊派，江西已屡经灾变，如何能够承受？如果要内帑支付，内帑已经空虚不堪，又如何支付得了？因此，粮饷问题便是用兵首先要解决的严重的问题。阳明对兵以粮饷为先，有着充分的认识。他筹划了一个"不加赋而财足，不扰民而事办"的万全之策来解决粮饷的问题。

疏通盐法

江西本地不产盐。唐以前，通省皆食淮盐，但淮距省两千余里，江湖风便，巨舰可以到达。至于南赣等郡，则相离三千余里，加以滩石之险，贩运十分困难。而广东虽毗邻南赣，又因官府榷盐，广盐不能到江西发卖。由是盗贩公行，盐政大坏。宋庆历年间转运使李敷、治平元年提点江西刑狱蔡挺、元丰年间提举江西广东盐事蹇周辅，皆奏请运广盐于江西，以减运费，绝私贩。后经朝廷允许，南赣改食广盐，逮及崇宁年间蔡京当政，又改赣州复食淮盐。此后及至明初，一直相沿旧制。故明天顺间户部郎中陈俊、都御史叶盛、正德初兵备道王秩又请行广盐。正德六年，都御史陈金因筹军饷，建议在赣州立厂抽税，许广盐至袁、临、吉之府发卖。由是官商两便。二三年间，共抽过税银四万多两，支发三省夹攻费用。虽然军饷开支不全仗盐税收入，但盐税无疑是大宗来源。而因袁、临、吉三府不是旧例行广盐的地方，陈金所请，至正德九年而止。此后数年，三府广盐又被禁革。

为了解决用兵粮饷，正德十二年（1517）六月，阳明又向朝廷上疏开放盐禁，得到朝廷的允许，但只允许暂行三年。正德十三年十月，阳明念及用兵粮饷所需，再次上疏疏通盐法，得到批准。自此，袁、临、吉三府皆食广盐，着为定例，较好地解决了南赣用兵的粮饷困难。可以说，没有南赣盐法的疏通，阳明是绝不能这么顺利地取得平定南赣汀漳的胜利的。

拟行屯田

屯田是中国古代军事家解决军饷的传统措施。汉以后的历代王朝为解决军队的粮饷问题，都积极推行屯田。屯田中由士兵垦种的称军屯，由农民垦种的称民屯。汉宣帝时，营平侯赵充国与羌人作战，使士兵在西北屯田；建安六年，曹操为解决军饷问题，在许下屯田。北宋时，河北、河东、陕西沿边军州都有屯田，南宋与金接壤的淮南、湖北等处亦有屯田。

阳明对以屯田解决军饷问题深有认识，早在弘治十二年（1499）所上的《陈言边务疏》里，就提出了屯田的主张。正德十二年（1517）正月，在他征横水、桶冈、三浰时，在谕部属的调查研究的诸种问题中，即有"某处或有闲田，可兴屯以足食"一项。但平南赣之乱，打的是速决战，自然不可能指望以屯田解决粮饷，但明代的卫所向来是以屯以守，有着屯田的传统的。江西凡三卫，而赣州居其一，他或许考虑的是破义军后江西卫所的加强和建设问题。这一点，我们在以后阳明经略广西边务的措施里也可以看出。

简师省费

阳明早在《陈言边务疏》里，就提出了简师省费的主张。

当然阳明的简师省费，是建立在"万人之威犹在"的基础上，不是说兵越少越好。但兵贵精不贵多，却是阳明一贯的思想。其平南赣，一再照会部属，"使将有余勇，兵有余资，庶平居不致于冗食，临难可免于败师"。正德十二年二月，漳南道进兵未胜，催请调广东狼兵。阳明就表示反对，认为兵贵善用，不贵徒多，如今粮饷缺乏，正宜减兵省费，而不可增兵耗财。以后在征广西思田时，阳明也是这样主张。可以说，这种简师以省费的主张是阳明的一贯主张。

总之，用兵作战是一复杂的问题，涉及诸如政治、经济诸多方面。军力不单在人数的多寡，而涉及军事、政治、经济诸多方面。阳明把粮饷问题看成是用兵首先要解决的问题，是深得用兵三昧的。

四、御外必先治内

阳明认为，对敌用兵效果的好坏，是与社会治安相联系的。为此，他提出了御外必以治内为先的观点，并在城中立十家牌法。

所谓十家牌法，是将十家民户编为一牌，开列各户籍贯、姓名、年貌、行业。每日由一家出门，沿门按牌审察。"某家今夜少某人，往某处干某事，某日当回，某家今夜多某人，是某姓名，从某处来，干某事，务要审问的确，乃通报各家知会。若事有可疑，即行报官。如或隐蔽，事发，十家同罪。"此外，还有告谕父老子弟、务要父慈子孝、兄爱弟敬、夫和妇随、长惠幼顺等内容。

后来，阳明认为推行十家牌法，不可以无统纪，应立保长督领，于是申谕十家牌法增立保长。保长由各乡各村推选，条件是才行为众人所信服者。保长的职任，在于防御盗贼，而不干预诉讼，以免武断乡曲，但遇盗警，即统率各甲设谋截捕。与此同时，要求各城郭坊巷乡村，各在要地置鼓一面，遇警即击鼓，一村击鼓，各村响应，执器械齐出应援，俱听保长调度，如有后期不出，保甲可举告官司重加罚治。

阳明一再申明，他之所以申行十家牌法，意在弭盗、息讼、劝善、纠恶，就是说，以增强社会治安，抵御农民起义军。但是，他又清楚地知道，他的十家牌法在推行过程中又处处遇到问题。主要是有司皆以虚文搪塞，而不肯实心推求举行，更有甚者，是有人乘清查流民之机，骚扰百姓，所以他一再督促有司用心督责整理，使其名副其实，不折不扣地照章实行，否则治安就会变成生事，安民反成扰民。

阳明十分看重他的十家牌法，把它看成是克敌制胜的法宝，征赣成功的重要因素。所以以后在平宁王叛乱和征广西思田时，亦督令各地实行，并警告各官，如有再以虚文搪塞的，或有骚扰等项，一概拿回究治，断不轻恕。

阳明在推行十家牌法的同时，又推行乡约。阳明所谓的乡约，类于治安条例，其要点有：

1. 乡约目的，在于成就孝父母，敬兄长，教子孙和乡里，死丧相助，患难相恤，善相劝勉，恶相告诫，息讼罢争，讲信修睦的仁厚民俗和良善之民。

2. 乡约组织，由同乡中推年高有德为众所敬服者一人为约长，另推若干人为副约长、约正、约史、知约、约赞等。置文簿，备写同约姓名，出入所为，各人善恶，分别由知约、约赞主管。

3. 定期约会，人均会费银三分，作为相聚饮食之用，不到者须请假，由知约经办。

4. 选择寺观宽大者为约所，彰善须辞显而决，纠过要辞隐而婉。凡同约之民有过，在教育无效的情况下，须执送于官，以明正其罪。如势不能执，则告官府请兵谋捕。

5. 通约之人凡有危疑难处之事，由约长会同约之人裁处区画，不得推托。

6. 外乡的寄庄人户，如在纳粮当差之时躲回原籍，约长应劝其完纳应承，如不听从，则告官惩治。

7. 本地大户人家及异地客商放债收息，对于贫难一时不能偿还的，应放宽时日，不得逼人变卖田产，致令穷民无告。如有恃强不听，约长率同约之人告官。

8. 亲族、邻里间的冲突，由约长等人公论是非解决。

9. 军民中如有阴通盗贼，贩卖牛马，谋取一己利益，而殃及众人的，由约长率众呈官究治。

10. 官府人员下乡办事，凡索求贿赂的，由约长率同约呈官追究。

阳明的乡约，还有很多条款，但主要部分，已如上述。其性质类似十家牌法。所不同于十家牌法的是，十家牌法偏重于警盗缉盗，而乡约则偏重于百姓的自我教育和纠纷的解决。大约是在农民起义军活动的地区实行十家牌法，而凡不属义军活动的地区实行乡约。

阳明的十家牌法和乡约，其性质和目的均是强化封建统治，钳制人民的自由，这是不言而喻的。但就军事上说，他把强化社会治安与对敌用兵联系起来，提出了御外必先治内的主张，却有卓识远见，非一般的将领所及。

五、起用民兵

在用兵中重视和起用民兵是阳明的重要军事思想。正德十一年（1516）九月，阳明升都察院左佥都御史，巡抚南赣汀漳，次年正月至赣开府后，即选民兵。

明代的兵制，士兵分京兵、卫所兵和边兵。京兵用于保卫宫禁和京城，边兵保卫各边，而卫所兵分布各省及要害之处。以五千六百人为一卫，一千二百二十八人为千户所，一百一十二人为百户所。卫所的任务是以屯以守。时江西三卫，赣州居其一，这是正规军。此外还有乡兵、民兵。乡兵沿用官兵编制，有属军籍，有不属军籍，其责在保护乡土。民兵亦称民壮、机兵、弓兵，多在乡村有勇力者中和官府服役人员中挑选。在明代，民兵事实上是官军的后备力量。

阳明重视和起用民兵，是出于对官兵腐败无能的认识。他清醒地看到官军无能，毫无战斗力可言，而军职人员又贪赃枉法，贪得无厌。由于官军的腐败无能，对于日益强大的义军，只能以招抚为事，不敢进剿。

至于外省的狼达官兵，亦不足恃。首先是路途遥远，调遣开支庞大，人民不堪负担。其次是官军所过劫掠不已，不亚于盗贼。及其举事，义军早已隐遁不见。故调外省狼达官兵剿扑，徒增负担，于事无补。

省内省外的官军既不可恃，阳明就把眼光瞄准民兵。他一到南赣，就行文所属选拣民兵，加以操练，投入战斗。阳明平南赣，究竟动用了多少民兵，史有阙文，自难统计。据赣州府志载，姚玺为赣州卫指挥，正德间从阳明征三浰，率民兵梅南春等人从龙川乌镇入，与诸军合力，屡有战功。又阳明在《与王晋溪司马书》里提到，在漳南之役中，亲见上杭、程乡两处的民兵，"颇亦可用"，所以又调集二县各一千名，共南赣之数，共一万二千之数。从这些材料来看，阳明平南赣的主力，应是他所组织的民兵。以后，阳明在平宁王之乱和征思田的过程中亦十分重视民兵的作用。

阳明有着兵农合一的军事理想。在《六韬》里，太公曾以农器比兵器，以农事譬军事，向武王提出兵农合一的主张。阳明《武经七书评》说："古者寓兵于农，正是此意。无事则吾兵即吾农，有事则吾农即吾兵，以逸待劳，以饱待饥，而不令敌人得窥我虚实，此所以百战而百胜。"他把兵农合一视为理想的军事制度和克敌制胜的法宝。

在阳明以前，宋王安石亦有这一思想，他实行保甲法，组织乡兵，除了所谓除盗，亦包含有恢复兵农合一的理想。阳明的选拣民兵、行十家牌法皆是承王安石的保甲法而来，他的军事理想亦与王安石相类。只是兵农合一可行于古而不可行于王安石和阳明的时代。唐初在均田制的基础上行府兵制，府兵平常务农，农闲操练，及有兵事，即资粮征发，颇有兵农合一的色彩。但自均田制破坏后，府兵制也就名存实亡，后改为募兵制，宋明因之而不变。安石、阳明的兵农合一的军事理想虽不能实现，但他们起用民兵的做法在军事上却很有价值。

六、便宜行事

水无常形，兵无常势，行军作战，没有固定不变的模式，全在因势而变，克敌制胜。孙子说："凡用兵之法……涂有所不由，军有所不击，城有所不攻，地有所不争，君命有所不受。"即这一意思。但是自宋太祖始，为了强化封建专制制度，却实行将兵分离的制度，即国家主力军直属中央，有警则临时派遣大将带兵出征。为了加强对军队的控制，甚至行军路线亦由朝廷事先规定，不能变更。明承宋制，亦是如此。此外，明代还普遍实行"内臣"监军制度，任用宦官特务监察将领。虽说封建最高统治者的意图是为了加强对将领的控制，防止他们拥兵造反，但其结果，由于违背军事规律，反而使军队失去应有的战斗力。朱棣以后，明廷所以在北方少数民族的进犯面前屡屡失利，在国内农民起义军面前一筹莫展，很大程度上，正是出于对军队的超常控制。孙子在《谋攻篇》中说："不知三军之事，而同三军之政者，则军士惑矣；不知三军之权，而同三军之任，则将士疑矣。三军既惑且疑，则诸侯之难至矣。是谓乱军引胜。"孙子所指的就是这种情况。

阳明深刻地认识到行军作战受朝廷遥控所造成的危害。他认为只有根据实际情况，由将领便宜行事，才能取得对敌的胜利。正德年间，朝廷决议三省夹攻南赣汀漳义军，他力持异议。正德十二年（1517）五月初八，他上《申明赏罚以励人心疏》，要求朝廷假以令旗令牌，使得便宜行事。所谓便宜行事，就是由他斟酌事势所宜，自行处理军务，而不必事事请示。在阳明看来，如果率军而无这种权力，那就无异于让士兵徒手作战一样。过了二十天，他又上疏朝廷请求便宜行事。于此可见他对便宜行事的重视和要求的迫切。

对于阳明的这一要求，时任兵部尚书的王琼是深深理解的。在他的力主下，朝廷改授阳明提督南赣汀漳等处军务，给以令旗令牌，许其便宜行事："一应军马钱粮事宜，径自便宜区画，文职五品以下，武职三品以下，径自拿问发落。如遇盗贼入境，即便调兵剿杀，不许踵袭旧弊招抚，重为民患，所卫官军，若在军前违期逗留退缩，俱听以军法从事。"时镇守太监毕真暗中活动，欲监阳明军，受到王琼的批驳。因为王琼的支持，阳明终在对敌中得以伸缩自如，获得了军事上的成功。阳明总结自己平定南赣的经验，首先是争得便宜行事的权力。他在《横水桶冈捷音疏》和《浰头捷音疏》里，都把自己军事上的成功，归于朝廷赋予便宜行事之权："既假臣以赏罚之权，复改臣以提督之任，既以兵忌遥制，而重各省专征之责，又虑事或牵狃，而抑守臣可预之请，授之方略而不拘以制，责其功成而不限以时……是乃所谓'得先胜之算于庙堂，收折冲之功于樽俎'，实用兵之要道，制事之良法也。"阳明的这些话，绝不是出于对朝廷的应酬客套，而是出之于肺腑。在正德十三年的《辞免升荫乞以原职致仕疏》里，他依然重提朝廷允许便宜行事的重要作用："由是，臣以赏罚之柄。而激励三军之气，以旗牌之重，而号召远近之兵，以提督之权，而纪纲八府一州之官吏，伸缩如表，举动自由。于是兵威渐振，贼气先夺……分巡官属赍执旗牌以麾督两广夹剿之师，亦莫不畏威用命，咸奏成功。"以后，阳明同样把自己擒获朱宸濠的成功，归于当时令旗令牌尚在他的手中，故能便宜行事。他在《擒获宸濠捷音疏》里说："得以不俟诏旨之下，而调集数郡之兵，数郡之民；亦不待诏旨之督，而自有以赴国家之难，长驱越境，直捣穷追，不以非任为嫌。"

可以说，用兵重在便宜行事，这是阳明军事思想的重要组成部分。这一点既贯穿于他平南赣之乱中，也贯穿于他以后擒朱宸濠以至后来的抚思田、破八寨、袭断藤峡的军事行动中。

七、校之以计而索其情

《孙子·始计篇》说："故经之以五事，校之以计而索其情：一曰道，二曰天，三曰地，四曰将，五曰法。"又说："故校之以计而索其情，曰：主孰有道？将孰有能？天地孰得？法令孰行？兵众孰强？士卒孰练？赏罚孰明？吾以此知胜负矣。"孙子这两段话的意思是说：必须从道、天、地、将和法五个方面研究量计彼我而求实际情况，只要把双方的主将天时地利法令兵卒以及赏罚诸方面的情况调查透彻了，双方谁胜谁负也就赫然在目了。应该说，校之以计而索其情，是孙子对将领带兵打仗的基本要求。不可设想，一个对敌我双方的力量不调查不研究的人能够打胜仗。

阳明极其重视孙子的这一思想，在《武经七书评》里，他一再重提孙子的这一思想，其评《孙子·始计篇》说："孙子开口便说'校之以计而索其情'，此中较量计划，有多少神明妙用在，所谓'因利制权'，'不可先传'者也。"评《孙子·作战篇》说："兵贵'拙速'，要非临战而能速胜也，须知有个先着在，'校之以计而索其情'是也。"又评《孙子·用间篇》说："知此一法，任敌之坚坚完垒，而无不可破，横行直撞，直游刃有余了。"总之，不出"校之以计而索其情"一语。在这些地方，他把"校之以计而索其情"看作取得用兵成功的首要条件和古今善用兵者的基本素质。总之，整个战争，不出"校之以计而索其情"。

如实而论，阳明以一介书生提弱卒而平南赣，以后又擒宁王、抚思田、破八寨、袭断藤峡，除了别的原因外，其主要的原因，即在他能"校之以计而索其情"，这是他优于一般将领之所在，即一个哲学家领兵打仗所特有的长处。

正德十二年（1517），阳明在南赣，时朝廷决议湖广、广东、江西三省夹攻，阳明校之以计，乃进攻治疏，提出夹攻之策，名虽三省大举，而其实举动次第，自有先后之别。如江西南安、桶冈等处义军据点与湖广桂东等县相接，如说夹攻，此宜江西和湖广会合，而广东之兵只能于要害处把截，其实不可能参与夹攻。江西龙南等处据点与广东龙川接境，如说夹攻，只宜江西与广东会合，而湖广其实不可能参与。而广东乐昌等处据点与湖广宜章等县接壤，夹攻只限湖广广东会合，而江西只能于要害处把截，其实不能参与夹攻。如果不知道这一点，而通待三省官兵会齐，然后进剿，则劳师费财，为害非浅。以后事情的发展经过完全证实阳明的这些分析是正确的。

阳明的校之以计，乃是建立在索其情的基础上，也就是说，他在军事上的深刻分析和富于智慧的谋略，乃是建立在深入调查研究的基础上。他把调查研究看成是一个将领应有的作风。他不仅自己注重调查，而且要求下属都要调查，事必躬亲。正德十三年正月，阳明行文属官，要做各方面的调查。比如，各处城堡关隘，是否完好；军兵民快，曾否操练；何处敌人猖獗，如何擒剿；何地义军已散，如何抚缉；某人不肯悔改，必须扑灭；某人思悔，可以招徕；何等人役，可为向导；何等大户，可令追袭；军力不够，如何别处募集；财不足用，如何经画；何处有闲田，可兴屯田；何处尚多浮费，可以节省；何地可添塞堡，何处可建城邑。总之，"姑息隐忍，固作久安之图，会举夹攻，果得万金之策，一应足财养兵弭盗安民之术，皆宜悉心计虑，折衷推求，山川道路之险易，必须亲切画图；贼垒民居之错杂，尽可按实开注……务求实用，毋事虚言"。正德十三年七月，阳明又以《申明便宜敕谕》，要求所属各官调查研究，并且开列具体调查项目，诸如山川地理、村寨位置、道路夷险、风俗善恶、义军据点分布、敌我对比、兵力来源、军饷筹措、军事设施以及队伍建设等等，凡是与作战有关的各种情况，他都要求属官加以调查研究，做到了如指掌。

孙子的"校之以计而索其情"，在认识路线上是符合唯物论的，在这一点上，阳明是深得《孙子兵法》思想精髓的。

八、行法以振威

古来善治兵者，无不强调军纪军法。《史记》载孙子为吴王操练队伍，处斩不听号令的宠姬队长使全体队员震惊，终练成可用之兵。司马穰苴依法当众处斩齐王的亲信监军庄贾，终使军威大振破燕晋之军。这都说明治兵必须法令严明。

阳明非常强调以法治兵。他虽以儒学名世，但领兵作战，却不谈静坐明心或者省察克治，而是以法治军，行法振威。

阳明所说的行法振威，首先是整编队伍。阳明巡抚南赣汀漳，即着手立兵符，整顿编制。他将所调之兵，每二十五人编为一伍，伍有小甲；五十人为一队，队有总甲；二百人为一哨，哨有长、协哨二人；四百人为一营，营有官、参谋二人；一千二百人为一阵，阵有偏将；二千四百人为一军，军有副将，偏将无定员，临事而设。小甲选各伍中才力优者担任，总甲选小甲中才力优者担任，哨长于千百户义官中选才识优者担任。副将可以罚偏将，偏将可以罚营官，营官可以罚哨长，哨长可以罚总甲，总甲可以罚小甲，小甲可以罚伍众。总之，"务使上下相继，大小相承，如身之使臂，臂之使指，自然举动齐一，治众如寡，庶几有制之兵矣"。

编选既定，每五人给一牌，备列同位二十五人姓名，使之联络习熟，称为伍符，每队各置两牌，编立字号，一付总甲，一藏本院，称为队符。每哨各置两牌，编立字号，一付哨长，一藏本院，谓之哨符。凡遇征调发符，依号而往，以防奸伪。

由于整顿了队伍，严密了组织，克服了松散状态，从而达到了有如孙子所说的"治众如治寡""斗众如斗寡"的局面。

其次是操练教习。阳明将所募之兵，专随各兵备官屯扎，别选官分队统押教习。阳明在赣州府教场近旁盖造兵房三百七十余间，于城东南隅另建小营房六十间，募勇士居住，日夕操练，以为亲兵。他还特别意识到南赣士兵短于骑射的缺陷，行文福建漳南道转行福建都司，选取精巧惯习的精兵，送赴军门听用。阳明认为，"兵不在多，惟贵精练，事欲可久，尤须简明"。唯使士兵技艺绝伦，骁勇出众，才能"将有余勇，兵有余资，庶几平居不致于冗食，临难可免于败师"。在他看来，战胜之方，全在教习。他评《尉缭子·兵教》说："习伏众神，巧者不过习者之门。兵之用奇，全自教习中来。若平居教习不素，一旦有急，驱之赴敌，有闻金鼓而色变，睹旌旗而目眩者矣，安望出死力而决胜乎？"阳明虽以书生领兵，而其重视教习是不亚于任何一个武举出身的将领的。

再次是严明军纪。在南赣，阳明提出的军令有二十斩：失误军机者斩；临阵退却者斩；违犯号令者斩；搅扰居民者斩；扎营起队，后时迟慢，贻误军事者斩；安营住队，辄去器仗，贻误军事者斩；安营扎寨，没有信牌，辄时出入者斩；于军中呼号奔走警众者斩；遇敌乘暗攻营，辄自呼喊者斩；军中遇火起，敢有喧呼离队者斩；妄言祸福休咎，私议军机者斩；入敌境哨探，畏难不往，或汇报不实者斩；军行遇敌人往冲，埋伏在旁，不许辄动，违令妄动者斩；遇敌众乞降，为防奸谋，必令其远退，飞禀中军，违令者斩；与来降者私语，泄漏军情者斩；临阵对敌，一队失，全伍皆斩；领队不救，邻队皆斩；敌败追奔，闻鼓进闻金止，违令者斩；敢有临阵擅取敌方财物者斩；乘胜逐敌，不许争取首级，不许拾取路上钱财，违令者斩。

第四是赏罚分明。他总结南赣官兵所以没有战斗力，就在于赏罚不明。他引吴起的话说："法令不明，赏罚不信，虽有百万，何益于用？"因此，他请求朝廷申明赏罚以励人心："今后但遇前项贼情，领兵官不拘军卫有司，所领兵众有退缩不用命者，许领兵官军前以军法从事，领兵官不用命者，许总统兵官军前以军法从事。所统兵众，有能对敌擒斩功次，或赴敌阵亡，从实开报，覆勘是实，转达奏闻，一体升赏。"阳明的这些请求，由于兵部书尚王琼的支持，得到批准。由此，他在用兵中，罚其所当罚，而赏其所应赏，罚以禁奸，赏以兴功，故能振起兵威，鼓起士气。

需要指出的是，阳明以法治军，以振军威，与他以德治军并不矛盾。他一再强调，将士要以报国为重，不以斩首为功，是他作为一个儒将的特点。阳明在治军上是德内法外，德以激其义，法以振其威，这可以说是阳明治军的一个特色。

九、用兵谋略

用兵谋略即用兵的计谋策略。《史记》载齐田忌与诸公子赛马。孙膑见双方的马不甚相远，皆有上中下之分，于是教田忌以下马对彼上马，而以上马对彼中马，以中马对彼下马。因此田忌三赛而两胜。孙膑的这种赛马智慧即兵家的谋略，自古以来为善治兵者所重视。阳明极重视用兵的谋略。认为这是一个将领必备的才能，并在自己的用兵实践中形成较为系统的用兵谋略思想。

速决速胜

速决速胜向来为兵家所重视。《孙子·作战篇》说："兵闻拙速，未睹巧之久也。夫兵久而国利者，来之有也。"在孙子看来，用兵时间一长，势必造成兵困马乏，士气低落，而且必然耗费资源，由是造成国家经济困难，政治动荡。阳明很赞同孙子的这一观点。他评《孙子·作战篇》说："兵贵'拙速'

……总之不欲久战于外，以疲民耗国，古善用兵之将类如此。"他把速决速胜视为善用兵者的诀窍。

兵贵速决，当然有时亡利在持久。阳明所以特别看重速决，这是因为他的几次军事行动，都是处于攻的地位，而敌则处在守的地位。守则有险可恃，无粮饷供需之输，故利在持久，而攻则无险可恃，有运输之费，故利在速决。

阳明在南赣行军作战，一再要求"务使迅雷不及掩耳"，速决速战，速战速胜。正德十二年（1517）正月，阳明至赣莅任，才旬日，即议进兵漳南。二月官军受挫，诸将催调广东狼兵，以待秋后再举。阳明没有听从这个建议，但表面做出犒众退师的样子，暗地里乘敌懈怠，夜衔枚并进，直捣据点，迅速取得胜利。以后阳明破八寨、袭断藤峡亦采取了这一战术方针。

攻敌攻心

诸葛亮《南征教》说："用兵之道，攻心为上，攻城为下；心战为上，兵战为下。"故南征孟获，七擒七纵，使其心服，而西南之乱平。阳明与一样，他极重视攻心之术，以为"用兵之法，伐谋为先；处夷之道，攻心为上"。

所谓攻心为上，是指用兵作战时，展开强大的政治宣传攻势，用以瓦解敌军的斗志，达到取胜的目的。阳明平浰，就开展宣传攻心，既胁之以威，又诱之以利。除了张贴告谕以外，又派出报效生员黄表等前往各村寨据点游说利害，并赠以银币。据说，这一心战产生了很大的作用，当时就有各寨酋长黄金巢、刘逊、刘租眉、温仲秀等随黄表出投官军。对于阳明的这些宣传，人们尽可以说是镇压起义军的表现，但从兵机将略上说，乃是其攻敌攻心的用兵智慧。

兵不厌诈

阳明在道德修养上力主立诚立信，但在用兵问题上，则从来是不厌诈。孙子说："故兵以诈立，以利动，以分合为变者也。"这一点，阳明是深得其髓的。

正德十二年十月，横水、桶冈义军先后为阳明所荡平，浰头义军池仲容陷于孤立。池仲容一方面加紧战备，一方面遣其弟池仲安来附阳明，言其战备是为预防龙川卢珂、郑志高等人来袭，并非为防官军而来。阳明知其诈，却将计就计，佯装相信，拘卢珂等人，而暗中遣使卢珂之弟集兵。又在赣州大张灯会，遣人前往浰头招徕仲容，留他在赣州观灯，并宴会祥符宫，使仲容等人完全丧失了警觉。就在这个时候，阳明令亲信潜入击杀仲容。夜半又亲自率军从龙南等地直捣浰头，义军猝不及防，遂被袭破。

利用形势

这里的形势是指兵势。凡事之所在，物之所处，皆有其势。天有天势，地有地势，水有水势，山有山势，大军所集，行军作战，亦有其势。能否善于利用兵势，这是善战与不善战者的区分所在。《孙子·兵势篇》说："故善战者，求之于势，不责于人，故能择人而任势。任势者，其战人也，如转木石；木石之性，安则静，危则动，方则止，圆则行。故善战人之势，如转圆石于千仞之山者，势也。"在这里，孙子指出了任势的重要。阳明亦十分重视兵势。他常说："兵无常势，在因敌变化而制胜。善用兵者，因形而借胜于敌，故其战胜不复，而应形于无穷！"无常势不是说没有势，而只是说没有恒常不变的势。无恒常不变之势，这是兵势的特点。故善于用兵势者，在于因敌变化而制胜，或因形而借胜于敌。

势有很多方面，阳明在南赣利用形势，主要是乘机候，他到南赣莅任，时福建官军进剿受挫，于是催请广东狼兵以助作战。阳明认为，行军作战，全在因形而借胜于敌，当此敌方小胜，其备必懈，"若因而形之以缓，乘此机候，正可奋怯为勇，变弱为强，而犹执其持重之说，以候土军之至，以坐失事机，是徒知吾卒之未可击，而不知敌之正可击也"。他还交代部属说如敌虽据险而守，尚可出其不趋，掩其不备时，就用邓艾破蜀之策，从间道出。这是以奇胜。若敌已盘踞得地，可以计困，难以兵克时，则用赵充国破羌之谋，减冗以省费。这是以正合。而究竟是正是奇，则需要因其形势，乘其机候。

以后，阳明在破失宸濠和平思田、破八寨、袭断藤峡中，亦无不利用形势。阳明能以弱将寡兵而破强敌，这与他善于因势就便、利用机候有很大的关系。

第6章

擒获叛藩

一、平定宁王之乱

正德十四年（1519），南赣乱平，阳明上疏要求致仕没有被批准。此年元月，福建三卫军人进贵协众谋叛，阳明受命前往处置。六月九日起身，十五日行至丰城，即得到宁王朱宸濠叛乱的消息，阳明立即返舟回吉安，起兵对付朱宸濠。

朱宸濠是明太祖第十七子朱权的五世孙，明武宗之叔。朱权初封大宁（今河北省平泉县东北），成祖永乐初徙封南昌。按明代的制度，皇子封亲王，王府置官属，配置护卫甲士三千人至一万九千人。公侯大臣过府要伏而拜谒，不能违礼。当时宁府有护卫一万三千人。明英宗天顺初，宁府以罪被削去护卫。明孝宗弘治九年（1496），朱宸濠袭封王位。朱宸濠从小就有野心，术士李自然、李日芳言其有异表，又说城南有天子气，使他非常高兴。武宗无子，群臣数请以宗室之子过继。朱宸濠结纳武宗左右，企图以第二子过继给武宗。正德初，刘瑾擅权，朱宸濠贿赂刘瑾，恢复了宁府被夺的护卫。正德五年，刘瑾被诛，宁府护卫又被革去。其党羽陆完为兵部尚书，于正德九年又恢复宁府护卫。朱宸濠一面疏通朝廷要员和武宗左右，一面又结纳江湖大盗闵念四、凌十一，并不断搜罗党徒，与致仕都御史李士实、举人刘养正图谋不轨。副使胡世宁奏请朝廷予以裁抑，反被朱宸濠所诬，由是胡世宁被谪。自此朝廷再无敢言者。

及王琼为兵部尚书，预料朱宸濠必反，乃申明军律，督责抚臣修武备，以防不测。时御史萧淮上疏奏宁王包藏祸心，招纳亡命，私造兵器，潜谋不轨。因其事有涉宗社，非细微小事，建议逮其至京，或坐名罢削。学士杨廷和恐祸及己，亦主张让朱宸濠削护卫以赎罪。武宗见事已危及自己的安全，就派太监赖义、驸马都尉崔元、都御史颜颐寿前往南昌革除朱宸濠的护卫。当时在京刺探消息的朱宸濠走卒林华得报，误以为朝廷派员逮捕朱宸濠，日夜兼程赶回南昌报告。

是日朱宸濠生日，正请诸官员宴饮，闻报大惊。他原定在八月十五日起兵。经与李士实、刘养正等密谋后决计提前起事。于是胁迫赴宴的官员参与叛乱。都御史孙燧、按察司副使许逵不从，当即被杀，其他官员皆被囚禁。朱宸濠伪置官署，以李士实为太师，刘养正为国师，闵念四为都指挥，革年号，斥乘舆，分遣所亲娄伯、王春等四处收兵，当时号兵十万。朱宸濠数日即袭破南康、九江诸郡。一时人心惶惶，远近震动。

阳明时在丰城，闻报返回，一路上躲过了朱宸濠的追捕，经四昼夜而至吉安。他一面上疏告变，一面策划起兵之计，诡称已令各路人马分道并进，克期夹攻南昌，令亲信四处张贴。

他又行反间计，假造李士实、刘养正愿为官军内应的书信及凌十一、闵念四投降密状，令亲信打入朱宸濠内部，四处散布。由是朱宸濠迟疑，滞留南昌达十余日，这就为官军的集结赢得了足够的时间。至七月三日，朱宸濠始留兵万余守南昌，自己率兵一百四十余队，分五哨出南昌直趋安庆，以期克安庆后直下南京。可是此时他已失去了最佳战机。

阳明深知情势的严峻不在宁王的反叛，而在武宗的昏庸荒唐和奸谀当道。正德十四年元月二十九日，他上疏要武宗"痛自克责，易辙改弦；罢出奸谀，以回天下豪杰之心；绝迹巡游，以杜天下奸雄之望"，不意这次上疏对于武宗如同对牛弹琴，却得罪了武宗身边的奸谀小人，为他日后擒获宁王反而蒙谤埋下了种子。

七月十五日，阳明会列郡官兵于临江樟树镇，八月十日进兵至丰城后，分遣各路兵马攻打南昌七门，二十日破城，擒获朱宸濠留守宜春王朱拱樤及伪太监万锐等千余人。朱宸濠宫眷纵火自焚，阳明令官军分道救人，释放胁从，封闭府库，收缴印信，安抚民心。然后引兵追朱宸濠。此时朱宸濠闻南昌失守，遂回兵相救，二十三日双方战于樵舍，次日又战于黄家渡。朱宸濠败走，退守八字脑。官军英勇作战，知府伍文定立于铳炮之间，火燎其须，不敢退后，督促各路兵马殊死并进。朱宸濠战不利，又退兵樵舍，连舟作战。二十七日，又被阳明以火攻败，余众奔散，嫔妃赴水，死者不计其数。朱宸濠亦为知县王冕所执，世子眷属以及大小官员李士实、刘养正等皆被俘获。自起兵至生擒朱宸濠，前后不过一个多月的时间。

六月间，当朱宸濠谋反的消息初报朝廷时，兵部会议命将讨贼。武宗早就想巡游江南，被大臣谏止未行。这一次正好是一个机会，遂自称威武大将军镇国公，命太监张永、张忠、安边伯许泰、平虏伯江彬、都督刘晖，率官军一万余人，前往江西征讨。虽已得阳明平藩的捷音，但不予公布，说"元恶虽擒，逆党未尽，不捕必遗后患"。阳明具疏谏止，武宗不听。江彬、许泰等人追索朱宸濠，欲把朱宸濠纵于鄱阳湖，让武宗再亲与接战，而后奏凯论功。阳明不听，乘夜过玉山、草萍驿，把朱宸濠交给在杭州的张永，自己则称病住在西湖净慈寺。许泰、江彬等人的阴谋未能得逞，于是又在武宗面前诬阳明先与朱宸濠通谋，只在后来形势不利时才擒获朱宸濠，还对武宗说，召阳明必不来。武宗召阳明，阳明奔南京，中途又为许泰、江彬等人所阻，不得进见。不得已，乃以纶巾野服入九华山。此时阳明的处境十分险恶，随时都有被执杀的可能。赖张永调护，一再在武宗面前言其忠，才没有让许、江等人的阴谋得逞。由是武宗命阳明巡抚江西，阳明得以返南昌视事。

阳明返南昌，张忠、许泰等人又百般挑衅。"北军肆坐谩骂，或故冲导起衅"，阳明皆强为隐忍，并传示内外，告谕北军离家苦楚，居民当以礼相待。又亲自抚慰北军，极力消解矛盾。张忠、许泰又自恃所长，邀阳明在教场比箭，以期阳明出丑，不意阳明应允，竟三发三中，获得北军的欢呼。此举大大打击了张忠、许泰的气焰。张、许无法，只好打算班师回京。

因此时武宗未还京师，阳明心里十分忧惶，作诗排解郁闷："安危他日须周勃，痛哭当年笑贾生。坐对残灯愁彻夜，静听晨鼓报新晴。""虏旅归思怀旧土，銮舆消息望还宫。青盘浊酒聊自慰，无使威戒干吾衷。"君昏臣暗，时事日非，忠臣烈士，泣血涟涟。阳明坐对残灯，愁肠百结，他只望銮舆早日回宫，以减轻江南无辜之民的痛苦！

五月，江西大水，庐舍倒塌，田野崩坏，阳明上疏自劾四罪，乞求辞职，没有得到批准。七月，张忠、许泰等又图谋献俘邀功，受到张永的阻止。武宗令阳明重上捷音。阳明无法，于是删改上次捷报，写入了诸小人之名，武宗才于正德十五年（1520）底北归还京。此时阳明心头的一块石头才落了地。

擒获朱宸濠后，阳明的哲学思想也跃上了一个新阶段，提出了致良知学说。阳明自此直至逝世，专以致良知为教，他认为无论是龙场的知行合一，滁阳的静坐，或南部的省察克治、存理去欲，都有弊病，唯有致良知最为圆融，没有弊病。致良知的提出，标志着阳明哲学思想的成熟，也标志着其教育思想的新发展。

在这一时期中，阳明虽然军务政事繁杂，但他依然指引学者，讲学不倦。泰州王银，着古冠古服，执木简，以二诗为礼见阳明。阳明异其风貌气度，与之论学。王银叹服，遂执弟子礼。阳明易其名为"艮"，字"汝止"。以后王艮成为泰州学派的创始人，使阳明的思想在下层社会中风靡一时。进贤舒芬，以翰林谪官，自恃博学，见阳明问元声。阳明予以心学的解释，舒芬大服，跃然称弟子。是时，弟子陈九川、夏良胜、万潮、欧阳德、魏良弼、李遂、舒芬皆日侍讲席。阳明又以象山之学久抑不彰，牌行抚州府金溪县，仿各处圣贤子孙事例，免其差役，送其俊秀子弟入学。正德十六年（1521）五月，又集门生于白鹿洞，共明心学。

此年六月武宗崩。世宗即位，以阳明功，升阳明为南京兵部尚书，参赞机务。又召阳明赴京。但是，朝中的一些人仍然没有放过阳明，他们借口"武宗国丧，资费浩繁，不宜行宴赏之事"，阻止世宗召阳明。是时阳明已到钱塘，被阻，上疏变归越省亲，得到批准。此年十月，阳明被封为新建伯。但是，由于辅臣的阻挠，朝廷却"不予铁券，岁禄亦不给"。所谓封爵，只是空头支票。同事诸臣，"或不行赏而并削其绩，或赏未及播而罚已先行，或虚受于职之名而使退闲，或冒蒙不忠之号而随以废斥"。阳明乃再三上疏辞封爵，要求普封将士，没有被朝廷采纳。

嘉靖元年（1522）二月，阳明父龙山公卒，阳明在越服丧，此后六年，一直闲居家乡。

二、良知说

阳明在平息宁王叛乱后，提出了致良知思想。《年谱》载正德十六年（1521）正月，阳明居南昌，《年谱》说十六年"正月，居南昌。是年先生始揭致良知之教。先生闻前月十日武宗驾入宫，始舒忧念。自经宸濠、忠、泰之变，益信良知真足以忘患难，出生死，所谓考三王，逮天地，质鬼神，俟后圣，无弗同者"。阳明自己极重视他的致良知说，把它称为学问的头脑，说："良知明白，随你去静处体悟也好，随你去事上磨炼也好，良知本体原是无动静的。此便是学问头脑。我这个话头自滁州到今，亦较过几番，只是致良知三字无病！"又称它是圣门正法眼藏，说："近来信得致良知三字，真圣门正法眼藏。往年尚疑未尽，今自多事以来，只此良知无不具足。"

又称它是千古圣贤相传的一点骨血，说："譬之人有冒别姓坟墓为祖墓者，何以为辨？只得开圹，将子孙滴血，真伪无可逃矣。我此良知二字，实千古圣贤相传一点骨血也。"致良知的提出，标志着阳明思想的成熟，它是阳明心学的标志性命题。

阳明的致良知说，包括良知说和致良知论两个部分，良知说是他的道德本体论，致良知论则是他本体和功夫的合一论。只是两者所论的重点有所不同。

良知的特征

阳明的良知说，源于孟子的良知良能说，孟子在《尽心上》中说："人之所不学而能者，其良能也；所不虑而知者，其良知也。孩提之童，无不知爱其亲者；及其长也，无不知敬其兄也。亲亲，仁也；敬长，义也。无他，达之天下也。"孟子的良知良能说，是指人的天赋道德观念。他认为小孩子的爱亲敬兄的道德情感是与生俱来的，不待学习就有的。在孟子看来，恻隐、羞恶、辞让、是非之心，亦是与生俱来，善守而勿失，就可长成仁义礼智四德，这是人之别于禽兽之所在。

孟子也把良知良能称为良心。他说，牛山上的树木，此前曾长得很茂盛，但以其处于大国之郊，砍伐的人很多，所以失其盛美。人也一样，以其本性，谁无仁义之心呢？其所以迷失良心，是后天损害的结果。如以斧头砍伐树木，天天砍伐，树木还能盛美吗？当然，被砍伐以后，还可以从树根上生出萌蘖，而牛羊又从而害之，所以牛山变为荒颓而无树木。人在良心迷失以后，受夜里清明之气的滋养，还可以有所发现。但是，又不善养，为白天所做的不善之事所伤害。如此，还能存其良心吗？所以，在古代，所谓良知良能即是良心，良知良能与良心，异名而同实。

阳明的良知说，在理论渊源上，继承的正是孟子的这一观念。他曾多次说过，所谓不虑而知，就是良知，不学而能，就是良能。这是人人俱有的。阳明关于良知的这些话，就是放在《孟子》一书中，人们也看不出有什么区别。

阳明所反复申述的良知，具有如下特征：

良知的普遍性。阳明认为，良知是人人所有，古今所同的。不管是圣人、众人，甚至于强盗，都是一样的。因为虽然为强盗，他亦知不应当为强盗，别人喊他为贼，他亦感到不好意思。总之，无古无今，无中无外，无圣无愚，人人皆具良知。圣凡贤愚的区别，不在有无良知，而在良知是否为物欲所昏，以及所昏的程度。阳明的这一观点，与陆九渊认为"此心之良，人所均有"，"良心正性，人所均有，不失其心，不乖其性，谁非正人"是毫无二致的，他们都把良知看成是人类的共同心。或者说，在陆王那里，良知具有普遍性。如果良知不具普遍性，只为一部分人所具有，良知也就谈不上是良知了。

良知的先验性。阳明认为，知是人心的本体，心自然会知，见父自然知孝，见兄自然知悌，见孺子入井自然知恻隐，这就是良知，不需到外面寻找。如果没有私意加以障碍，充分扩充其恻隐之心，仁就不可胜用。这就指明，良知完全是与生俱来的，为人性所同有，如果需要外求，需要学，那就不足谓之良知了。

程朱也谈良知或良心，如程颐说，良知良能，乃出于天，而无关于人。朱熹也说，良知良能，是人所固有，只为私欲所蔽，所以暗而不明。但程朱所说的良知良能或良心，乃是得之于天而体之于人。得之于天而体之于人，当然也是先验的，但与陆王认为良知良能乃是人心所固有，不是天予仍有所不同。

良知的直觉性。所谓直觉，是相对于感性和理性而言。感性是以形象去了解事物，理性是经由概念判断去了解事物，直觉则是不以形象，亦不经由概念判断去把握事物。西方哲学家柏格森认为直觉就是使人们直接置身于对象中，以与对象相融合去把握事物。西欧 17、18 世纪的道德哲学家，尤其主张道德只能用直觉去把握。在中国古代，道家倡言心与道合，即以心与道融合无间去把握道。禅宗主张明心见性，顿悟成佛，也是直觉思维的典型。儒家中的心学也是这样。孟子说，今人初见孺子落井，皆有怵惕恻隐之心，这不是他想结交孺子的父母，也不是要取誉于乡党朋友，更不是恶其声而这样做，而是出于不忍人之心。这种不忍人之心，并非由思考而得，由劝勉而来，由场景而感，乃是一种自然而然的表露，也就是说，它是人的直觉，亦即良知的直觉。孟子所说的良知良能即有直觉的特征。

与孟子一样，阳明的良知，亦有直觉的特征。阳明认为，因心之良知，见父自然知孝，见兄自然知悌，自然而然，不假思维，这是直觉。因心之良知，是便谓之是，非便谓之非。自然而然，不假思维，这也是直觉。因心之良知，见过则改，见善即迁，自然而然，不假思维，这也是直觉。因人之良知，见孺子入井而救，见盗贼入室而斗，自然而然，不假思维，这也是直觉。要之，良知之发，不假思维，不假见闻，它油然而起，自然而生，纯是一种直觉。

阳明的良知说，人们往往批评它是伦理学上的唯心主义。这是有一定道理的。因为作为观念形态的良知或良心，是由人们的社会存在决定的。一个婴儿，如果在他刚出生时即抱离父母，在幽室里加以喂养，在他长大以后，连自己的父母尚且不能认识，更谈不上爱亲和敬兄了。但是，我们如果把阳明的良知或良心了解为在长期的社会生活中所形成的一种道德心理定式，则良知或良心说有非常合理和积极的意义。因为正是人们的这种道德心理定式，调节着人们的行为和社会生活，它有相对的独立性和稳定性。更何况，阳明良知说立言的宗旨，毕竟不是在探讨人类的道德现象和社会存在的关系问题，而只倡导在社会生活中，人们不可违背自己的良知或良心的问题。不可设想，一个不讲良知或良心的社会是健全、有序的社会，一个不讲良知或良心的人，会是一个受人爱戴受人尊敬的人。

良知的内涵

阳明认为，良知即是天理。这一点，他有很多论述。如说，"良知是天理之昭明灵觉处，故良知即是天理"。"天理即是良知，千思万虑，只是要致良知"，等等。在这些地方，他都把良知看成即是天理，把天理看成即是良知。良知与天理，原是异名而同实，合二而一的。

与此相类似，阳明又把良知看成即是道。如说："夫良知即是道，良知之在人心，不但圣贤，虽常人亦无不如此。""道即良知，良知原是完完全全，是的还他是，非的还他非，是非只依著他，更无有不是处。"在阳明那里，道原是天理的别称，阳明既认良知是天理，自然也就认良知即是道。可见，在阳明那里，良知的内涵即是天理。

但是，阳明为什么说良知是天理的昭明灵觉处，或说天理的昭明灵觉处即良知呢？天理就是天理，阳明屡言天理之昭明灵觉，难道还有天理之"混沌未觉"吗？这确是阳明良知说一个难解的问题。实际上，说天理之昭明灵觉即良知，或良知即天理之昭明灵觉，这是从良知的流行发用上言良知即天理。在阳明那里，良知有体有用。从体上说，良知即心之本体，这是寂然不动、廓然大公的。寂然不动、廓然大公便是天理。儒家习惯上把心体区分为未发已发，未发称中，谓心体的本然状态。已发谓心的发用，或感物而动，如果发而皆中节，便称和。从本体上说，良知即天理，良知便是中。在这个意义上，是不能说良知是天理之昭明灵觉处的，因为此时的天理，是处于收敛状态中的天理，而不是昭明灵觉状态中的天理。正如一个人，在他睡着的时候，精神处于收敛状态，不能说他的精神是昭明灵觉一样。处于"中"的良知，即良知本体，乃是一浑然一体中的天理，而不是昭玥灵觉中的天理。

从发用上说，即表现出来而言，浑然一体的良知本体，发而事君即是忠，事父即是孝，事兄即是悌，亲民爱物即是仁。此时浑然一体的天理即变为昭明灵觉中的天理。良知虽只有一个，而其应物无穷，故其流行发用，亦是无穷。如果不为人欲所蔽，私意所阻，则发为仁义礼智，无一不是天理。大凡人世间的美行善德，无一不是本于良知的。所以阳明所说的良知即天理昭明灵觉，或天理昭明灵觉即良知，即在良知的发用上言天理，以别于在良知的本体上言天理。

天理是宋明理学的共同范畴，包含着复杂的含义。就道德的层面上说，天理就是纲常伦理。朱熹说："仁莫大于父子，义莫大于君臣，是谓三纲之要，五常之本，人伦天理之至，无所逃于天地之间。"以纲常为天理，阳明和朱熹并没有什么不同。不同的是，阳明把程朱超然于天地之间的天理，合同于良知，内在于人心，又从良知本体和发用两个方面加以论证，由是把孟子以来的良知说系统化、理论化。

良知的功能

阳明提出了良知是准则，是主宰，是睿智，即自觉，即自信等命题。

良知是准则。阳明认为，良知只是个是非之心。他说：良知即是孟子所说的是非之心，这一是非之心是不待虑而知，不待学而能的，所以叫作良知。孟子所谓的是非之心，是指人与生俱来能以善为是，以恶为非的良知良能。阳明继承孟子的这一思想，也把是非之心作为良知的本质规定。

阳明以日常经验论证良知的知是知非。他认为，人心是相同的，人之口，以苦为苦，以甘为甘，即令凡庸之人，也和善于辨味的易牙相同。人之目，以美为美，以丑为丑，即令是平常人，也和善于辨色的离娄相同。而心以是为是，以非为非，愚人也与善知是非的圣人相同。他举出例子说：今把为仁义之事告之路人，路人也能知道这是是与善。把不为仁义之事告之路人，路人也能知这是非与恶。路人尚且都有是非之心，更不要说士大夫之属了。可见，良知能知善知非，只是愚夫愚妇为人欲所蔽，私意所障，不能致其知是知非的良知罢了。

阳明强调这一知是知非的良知，是人视听言动的准则。他曾对弟子说："尔那一点良知，是尔自家底准则。尔意念着处，他是便知是，非便知非，更瞒他一些不得。尔只不要欺他，实实落落依着他做去，善便存，恶便去。他这里何等稳当快乐。此便是格物的真诀，致知的实功。"

有没有良知之外的准则呢？阳明的回答是否定的。阳明认为，世间的事物极为纷繁复杂，而又处于变动不居之中，有何准则可言？如不就自己良知上体认明白，就是以无星之秤而权轻重，未开之镜而照妍媸。在历史上，舜不告而娶，并不是因为舜之前已有不告而娶的先例，武王不葬而兴师，也不是武王之前已有不葬而兴师的先例，他们只依自己的良知，经权衡轻重之宜，才做出决定的。可见，视听言动，只取决于良知准则，而不取决于历史先例。他强调，即令是孔子的话，也不能作为自己是非取舍的准则，如果求之于良知以为非，哪怕是其言出于孔子，也不能以为是；求之于良知以为是，虽其言出于庸常百姓，也不敢以为非。阳明的这一良知准则论，它对圣人权威的否定，在当时可谓是石破天惊的。

良知是主宰。阳明把良知比喻为主人翁，而把私欲比喻为豪奴悍婢。主人翁沉疴在床，奴婢便敢擅作威福。如此家就不可言齐。以后有人讥讽他"除却良知，还有什么说得"？他的回答是，"除却良知，还有什么说得"！阳明的良知主宰论有三个方面的内容。

一是良知主宰躯壳。这是就良知和形体的关系而言。阳明认为，人的视听言动，都受良知的支配。良知之视，发窍于目；良知之听，发窍于耳；良知之言，发窍于口；良知之动，发窍于四肢。如无良知，目便不能视，耳便不能听，口便不能言，四肢便不能动。这只要看已死的人就可知道。死去的人血肉之心犹在，只缘良知已经散佚，故不能视听言动。因此良知便是躯壳的主宰，有之便生，无之便死。人如果真的为着躯体，就必须涵养良知本体。

二是良知主宰见闻之知。这是就良知和知识之知而言。在阳明那里，良知是先验的，不由见闻而来，而见闻是后天的，——莫非良知之用。所以良知之外，别无所知。良知之外别无所知，不是说良知之外别无知识之知，而只是说，良知是学问的头脑和主宰。只要头脑，体认良知明白，则于天下事物，如草木鸟兽之类，不必知的，自不消求知；所当知的，自能问人，如孔子入太庙每事问之类。故圣人无所不知，只是知个天理；无所不能，只是能个天理。在人类包括道德之知与见闻之知的知识结构里，阳明无疑是把道德之知即良知看作居于主宰地位，统率知识之知的。

三是良知主宰节目事变。所谓节目事变，是指人伦日用的具体仪节，如事亲中的温清定省之类，待人接物中的礼节仪容之类，这是就良知与日常行为仪节的关系而言。阳明认为，良知与节目事变的关系，是规矩尺度和方圆长短的关系。规矩尺度主宰方圆长短，故良知主宰节目事变。不以良知主宰节目事变，其结果只能是心劳日拙，百事无成。故树有本而水有源，天下节目事变虽不可穷尽，而其大本大源之所在，只在人的良知。

良知是睿智。所谓睿智，是指聪明智慧。在古代，聪明智慧有就认识论意义上言，有就道德意义上言。认识论意义上的睿智，即通常所说的智慧，指对知识的驾驭和运用的能力；道德论意义上的聪明智慧，即通常所说的德慧，指在道德上辨别是非的能力。阳明的良知是睿智，指良知明辨是非善恶的能力。在阳明那里，从良知是人们所当遵循的道德准则而言，良知便是准则，如果从良知是知是知非的能力而言，良知便是睿智。

良知是睿智说，在阳明的良知理论体系里占有很重要的地位。他既认为良知是天理，是准则，是主宰，是人人所同具有，又认为良知常为私意人欲所蔽，主张存天理去人欲，致良知复本体，这里就产生了一个理论问题，即如果良知为人欲私意所蔽，又是谁主使去人欲存天理、致良知复本体？如果是良知，则良知已为人欲私意所蔽，又如何可能去人欲存天理、致良知复本体？如果是良知以外的东西，比方说天或上帝，这又必然要在良知以外设定一个主宰，从而降低良知的地位，且与良知是主宰说相矛盾。这种理论困难，阳明是用良知的睿智解决的。也就是说，在天理意义上或准则意义上的良知为人欲所昏、私意所蔽时，睿智意义上的良知马上就能详审觉察，这就使存天理去人欲、善善恶恶、是是非非的致良知成为可能。他曾说过，意气愤怒、嗜欲邪见，是良知所本无，只因良知昏昧蔽塞后才有，若良知一提醒，就如白日一出，阴霾魍魉消散一样。因此，阳明所谓致良知的发动者，就是良知的睿智，具体地说，是作为睿智的良知发动实现作为天理或准则的良知。

良知是自觉。良知是自觉，是指良知履行道德的自觉性。不同于前面所述良知是睿智的是，睿智是指良知对是非邪正的辨别力，自觉则是指良知自我实现的自觉性。阳明多次论及良知的自觉。他认为，良知若不被私欲阻隔，纯是天理，其事父母，冬时自然思量父母之寒，便自要去求个温的道理；夏时自然思量父母的热，便自然要去求个清的道理。这是自然而然的。而凡私欲萌动，七情流行，不得其中，良知亦会经明辨而自觉地去其欲而存其理，除其蔽而复其体。这是自然而然的，不需强制，不需指使，纯出于自己的自觉。

良知为什么是自觉呢？阳明说，君子处于接物，于父尽吾孝，于君尽吾忠，言忠信而行笃敬，惩忿窒欲，迁善改过，无所往而非求尽吾心以自慊。所谓自慊即自安，如朱熹所言，"以自快足于己"。在阳明看来，君子因良知的自觉，行止生死，无不依其当然之理，所以如此，为的是求得自己的心安。人生在世，视听言动，如此则安，不如此则不安；见孺子入井，救则安，不救则不安；于父尽孝、于君尽忠则安，不尽孝不尽忠则不安，皆出于人有良知。人有良知，始可安身立命。故善善恶恶的自觉，乃为良知所本有。可以说，致良知以求自慊的思想，屡见于《王阳明全集》，在这些地方，他要阐述的就是良知自觉性的内在依据问题。

良知是自信。自信即自己相信自己。阳明认为，人之能自信，以其有良知。良知即是自信。他讲了一个故事：过去有一楚人宿友家，其仆偷友人之履而归，楚人不知道。恰巧楚人让仆上市替他买履，仆人就将偷来的履给了他，假说是从市上买来的，楚人亦不知道。一日友人来访，见他穿着自己的履，大为惊讶，说："我本来就怀疑，果然是他偷的。"于是与之绝交。一年后真相暴露，友人到楚人之门悔谢说：我不了解先生，竟荒谬到怀疑先生偷窃，这是我的罪过，请为友如初。这说明，良知不怕人疑，依着良知，才有自信。

良知为什么即是自信呢？人之自信，以其有道德，知是非、邪正、善恶，生活充实，精神奋发。良知即人之道德所在，是非准则所在，理想和目标所在，故良知使人自信。阳明说：良知"看得透彻，随他千言万语，是非诚伪，到前便明，合得便是，合不得的便非。如佛家说心印相似，真是个试金石，指南针"。如此，人焉有不能自信？

阳明认为，人之所以未能自信，而汲汲于他信，究其根源，在于未复良知。只要复得良知，即有自信，因为良知即是自信。因此，阳明以良知教人，也就以自信励人。他认为，君子不求人信己，只在自信；不求人知己，只在自知。如无其事，而见疑于人，亦无妨于自信。只要自信，不等逾年，见疑者就会踵门悔谢。良知使人自信，自信又使人笃信良知，良知与自信，原来是一而二，二而一的。

致良知论

所谓致良知，其中的"致"有至、极、尽的含义。阳明所说的致良知，即推广扩充自己的良知。推广扩充良知，这本是孟子已有的观点。孟子说："凡有四端于我者，知皆扩而充之矣，若火之始燃，泉之始达。苟能充之，足以保四海；苟不充之，不足以事父母。"所谓四端，指恻隐、羞恶、辞让、是非之心。在孟子看来，如果扩充推广四海，则可以治天下、保四海；如不能扩充推广，则不能事父母。阳明致良知之"致"，即孟子"扩而充之"思想的概括。

值得注意的是，阳明所说致良知之"致"，不仅有扩充良知本体的单向意义，而且有从本体到功夫，以功夫复本体的双重意义。阳明说：我所谓的致知格物，就是把吾心之良知推广到事事物物上去；吾心之良知，即所谓的天理；把吾心的良知推广到事事物物上去，则事事物物都得其理了。致吾心之良知，这是致知；事事物物皆得其理，这是格物。他用致良知去解释传统的格物致知，而所谓致良知，就是拓展和扩充自己的良知，把它推广到日用伦常中去。良知是本体，本体不能不流行发用于功夫，无功夫本体亦不可见，这在孟子就叫作尽性，在《大学》就称为致知，在这个意义上，致良知即由良知本体到良知发用的展开。

但是，从良知本体到良知发用，却不是自然而然，没有障碍的，它往往要受到私智物欲的阻隔。因此，致良知的关键又在于去其私智克其私欲障蔽。因此，他称致良知的功夫，是一个减担的功夫，减得一分人欲，便是复得一分天理，去得一分私智，便是找回一分天理。这一扫除私智物欲障碍，以复良知本体的致良知过程，就是由功夫复归良知本体过程。

因此，阳明的致良知，即是由良知本体到良知发用的展开，又是克除私智物欲以复良知本体的过程。从本体的功夫意义上说致良知，阳明多用穷理、尽性、知性知天等术语。而从功夫复良知本体意义上的致良知，阳明又多用去欲、克己、改过、求放心等术语。

那么，致良知是不是可以离却事物呢？阳明的回答是否定的。他说，我论致知格物，正所以穷理，不曾诚人穷理，让他深居端坐而一无所事。又说，日用伦常之间，待人接物之处，虽然千头万绪，但都是良知的发用流行处，离开了日用伦常和待人接物，也就没有什么良知好致了。他还警告他的弟子，如果不在良知上实用为善去恶的功夫，只是去悬空想个本体，一切事为都不着实，不过是养成一个虚寂，这不是一个小病痛，不可不早说破。在阳明看来，离却格物，不去随事随物精察此心之天理，以致其本然的良知，这正是佛道之教顽空虚静之徒的作为，不可以治天下国家，这与圣人穷理致知之学是毫无共同之处的。因此，阳明的合本体与功夫为一的致良知，并不是离却事物的玄思。有许多学者批评阳明的致良知是空谈心性，并不是中肯之论。

第7章

居越讲学

一、讲学规模

嘉靖元年（1522），阳明居越服丧，自此朝廷六年不召。在这几年中，阳明无军务之繁，无政务之杂，可以说是一生中最为清闲的日子。他的《归兴》诗说："百战归来白发新，青山从此作闲人。峰攒尚忆冲蛮阵，云起犹疑见虏尘。岛屿微茫沧海暮，桃花烂漫武陵春。而今始信还丹诀，却笑当年识未真。""归去休来归去休，千貂不换一羊裘。青山待我长为主，白发从他自满头。种果移花新事业，茂林修竹旧风流。多情最爱沧州伴，日日相呼理钓舟。"

对于朝廷事务，阳明采取超然态度。当时朝廷大礼仪起，沸沸扬扬，不可开交。原来，武宗无后，故死后由孝宗之弟兴献王祐杬之子朱厚熜承皇位，是为世宗。世宗即位后，就令群臣议生父兴献王尊号。宰相杨廷和与众多大臣据前朝故事，主张称孝宗为皇考，称兴献王为皇叔父，不合世宗意。张璁、桂蓼等人为了升官，迎合世宗之意，主张尊兴献王为皇考。双方几起几落，前后争辩相持三年。最后因世宗的坚持，终于追尊兴献王为皇考恭穆献皇帝。其间群臣哭阙力争，被世宗下狱的达一百多人，被廷杖而死的十余人。阳明是一礼学专家，但他对兴献王是否该尊为皇考一事不置一词。与阳明过从甚密的霍兀厓、席元山、黄宗贤等人先后皆以大礼见问，阳明只是不答。阳明尝夜坐碧霞池，作诗说："一雨秋凉入夜新，池边孤月倍精神。潜鱼水底传心诀，栖鸟枝头说道真。莫谓天机非嗜欲，须知万物是吾身。无端礼乐纷纷起，谁与青天扫宿尘？"所谓大礼之义，在世宗和朝臣看来，是至关重要的大事，而在阳明看来，却是无谓的事，不足以与问，不值得回答。除了明道和讲学，此外的任何朝廷事务，一概引不起他的兴趣。

阳明居越，讲学的规模比以前有极大的发展。此时门人日进，比任何时候都多。萧璆、杨汝荣、杨绍芳等来自湖广；杨仕鸣、薛宗铠、黄梦星等来自广东；王艮、孟源、周冲等来自自直隶；何秦、黄弘纲等来自南赣；刘邦采、刘文敏等来自安福；魏良器等来自新建；曾忭等来自泰和。海宁有一老者号萝石，以能诗闻于江湖，年六十来游会稽，闻阳明讲学，用拐杖肩其瓢笠诗卷，入门长揖上坐，颇有傲气。阳明与之论学，萝石深有领悟，即称弟子。乡人以其老，劝其不必自讨苦吃，萝石不从，说自己从阳明学，即是有幸逃离苦海，遂自号从吾道人。王龙溪少年任侠，经常出入酒肆赌场，而求见阳明，一睹眉宇，便称弟子。以后王龙溪发展阳明的良知学说，在晚明思想界有着广泛的影响。此时，郡守南大吉以座主称门生，辟稽山书院以聚四方学者。嘉靖四年十月，门人又在越城西门光相桥东立阳明书院，以纳来学之人。

由于从学者日众，"宫刹卑隘，至不能容。盖环坐而听者三百余人。先生临之，只发《大学》万物同体之旨，使人各求本性，致极良知以至于至善。功夫有得，则因方设教"。门人黄修易回忆说："先生初归越时，朋友踪迹尚寥落。既后四方来游者日进。癸未年后，环先生而居者比屋，如天妃、光相诸刹，每当一室，常合食者数一人；夜无卧处，更相就席；歌声彻昏旦。南镇、禹穴、阳明洞诸山远近寺刹，徒足所到，无非同志游寓所在。先生每临讲席，前后左右环坐而听者常不下数百人，送往迎来，月无虚日，至有在侍更岁，不能遍记其姓名者。每临别，先生常叹曰：'君等虽别，不出在天地间，苟同此志，吾亦可以忘形似矣。'诸生每听讲出门，未尝不跳跃称快。尝闻之同门先辈曰：'南都以前，朋友从游者虽众，未有如在越之盛者。'此虽讲学日久，孚信渐博，要亦先生之学日进，感召之机申变无方，亦自有不同也。"

嘉靖三年八月，阳明宴门人于天泉桥，时值中秋，月白如昼，参与的门人有百余人，酒半酣，歌声渐动，久之，有的投壶，有的击鼓，有的泛舟，各尽其兴。阳明赋《月夜》说："处处中秋此月明，不知何处亦群英？须怜绝学经千载，莫负男儿过一生！影响尚疑朱仲晦，支离羞作郑康成。铿然舍瑟春风里，点也虽狂得我情。"阳明是异常欣赏曾点的狂者胸襟的，他也以"吾与点也"的孔子自视。平心而论，阳明居越讲学的规模和深度，都超过了当年的孔子。

与日益扩大的教学规模相一致，阳明此时的哲学思想亦日臻成熟，黄宗羲论阳明学成有三变说："居越以后所操益熟，所得益化，时时知是知非，时时无是无非，开口即是得本心，更无假借凑泊。如赤日当空而万象毕照。"黄宗羲所说的"所操益熟，所得益化"是指阳明的致良知之教。这是符合事实的。这从他此时所写的咏良知诗里也可以看出，阳明的《咏良知四首示诸生》说："个个人心有仲尼，自将闻见苦遮迷。而今指与真头面，只是良知更莫疑。""问君何事日憧憧，烦恼场中错用功。莫道圣门无口诀，良知两字是参同。""人人自有定盘针，万化根源总在心。却笑从前颠倒见，枝枝叶叶外头寻。""无声无臭独知时，此是乾坤万有基。抛弃自家无尽藏，沿门持钵效贫儿。"又《示诸生》说："尔身各各自天真，不用求人更问人。但致良知成德业，谩从故纸费精神。""乾坤是易原非画，心性何形得有尘？莫道先生学禅语，此言端的为君陈。"

阳明的这些良知诗，自然、顺畅，富于理趣，能以诗的形式如此充分地表达哲学理论，在历史上是不多的。

需要指出的是，这一时期，阳明还提出了他的著名的四句教："无善无恶心之体，有善有恶意之动，知善知恶是良知，为善去恶是格物。"并谆谆告诫他的高足弟子钱德洪与王畿说：你们二位以后与学者讲学，一定要依我四句宗旨，以此自修，就可到达圣人之位，以此教人，就不会有差失。四句教是阳明对自己思想的总结，它的提出，是其心学理论纯熟的标志。

但是，随着阳明学说影响的扩大，嫉恨他的人亦与日俱增。嘉靖初，御史程启充等攻击阳明之学为异学。在诽谤面前，阳明表现了异常的冷静。其时陆澄为刑部主事，上疏为阳明辩护。阳明写信制止说：四方英杰讲学异同，议论纷纷，是辩不胜辩的，我们只有要求自己、检查自己，如果他们说得对，我们还有不完善，就检查自己不完善之处，而不得是己而非人。如果他们说得不对，我们坚信自己的对，也就当精益求精。他并不计较别人的谤议，表现了一个学者少有的大度精神。嘉靖二年二月会试，朝廷以心学为题策问而暗中批判阳明。参加会试的门人徐珊看到题目，心想：我怎能昧着良心去讨好时俗呢？不答而出。钱德洪下第而归，深恨时事乖戾，见阳明，阳明高兴地对他说："圣学从此将大明于天下了。"德洪不解，时事如此，为什么还说圣学大明于天下呢？阳明说："我的学说怎么可能遍告天下之士？现在试录以此为题，虽穷乡僻壤也无不知道。如果我的学说不对，天下就会有人起而求其真。"充分表现了他的自信和求真精神。

嘉靖六年（1527）五月，阳明被荐征广西思田，由此结束了居越六年的讲学活动。

二、心即理

心即理，是宋明心学心本体论的典型命题。这一命题，自陆九渊提出以后，阳明对它作了充分的发挥，特别是在居越讲学时期。

陆九渊在《与曾宅之》书中说："盖心，一心也；理，一理也。至当归一，精义无二，此心此理，实不容有二。故夫子曰：'吾道一以贯之。'"又在《与李宰》书中说："四端者，即此心也。'天之所以与我者'，即此心也。人皆有是心，心皆具是理。心即理也。"陆氏所说的心即理，是心与理的同一，而不是合一。合一，犹有心理是二之嫌。同一，则心和理纯是

107

异名同实，心就是理，理就是心，只是为着方便，才有心和理的不同称呼。

继承陆氏的这一思想，阳明亦强调心即理，他说："心即理也。学者，学此心也；求者，求此心也。"又说："心即理也。天下又有心外之事，心外之理乎！"还说："心即理也，此心无私欲之蔽，即是天理，不须外面添得一分。"比起陆九渊来，阳明更加强调心即理。可以说心即理，这是阳明龙场悟道后贯彻始终的哲学思想。

阳明认为，心即理，这是自然的道理。他的弟子徐爱不懂，认为事父之孝，事君之忠，交友之信，治民之仁，其间有许多道理在，不可以不察。阳明反问道，事父难道是去父上求孝的理，事君难道是去君上求忠的理，交友治民难道是去友上、民上求信与仁的理吗？都只在此心，心就是理，只要有纯于天理之心，发之事父就是孝，发之事君便是忠，发之交友治民就是信与仁。照阳明的意思，心就是理，有其心始可以究其理，无其心便不可以究其理。类似的说法，我们在《传习录》里还可以举出许多，在阳明看来，心即理是不言而喻的。

阳明说的事父之孝、事君之忠、交友之信、治民之仁，都是伦理道德范畴内的事，依朱子的话说，是当然之则，而不是必然之则。仁义礼等皆当然之则，自然是离不开人的，虽然它也不是先验的，与生而来的，而是人类伦常关系的反映。但是，人类的伦常道德观念一旦形成，就具有相对的稳定性，而成为人类内在的心理结构。在这种意义上，阳明认为心即理，亦不是没有道理。只是，对于世界万物的必然之则，即万物之理，阳明是不是也认为它同一于心，同样是心即理呢？

无疑，对于客观万物的必然之则，阳明是承认它有客观性的，或者说天地万物都是恒常的。但在阳明那里，这一天地万物的恒常之理，依然是以心为本。在他看来，不管是当然之则，还是必然之则，总之都是理，而凡理都是不能离心而言的。他说，于事物上求理，比如说在亲上求孝之理，但是，孝之理究竟是在吾心，还是在亲身上，假如是在亲身上，那么亲殁以后，吾心难道就没有了孝之理吗？见孺子落井，必有恻隐之心，但是，恻隐之理究竟是在孺子身上还是出于吾心的良知？如果是在孺子身上，为什么不可以从之于井而可以用手去做救援呢？由此而观，万事万物之理，都是这样。故析心与理为二是站不住脚的。于此可见，阳明的心即理，不仅是指事理，也是指物理；心与理为二之非，不仅是心对事理上如此，而且在心对物理上也是如此。

　　为什么不管是事物还是物理，都是心呢？首先从心这方面说，阳明认为，心是理的渊源。心的本体是知，只要这一本体不为私欲隔断，即令是孩提之童，亦无不知爱其亲敬其兄的。故有心便有其理，无心便无其理。这正如树木，有其根必有其枝叶，无其根必无其枝叶。故只要看得心分明，即万物灿然。

　　这样，阳明就把心看成是体，把理看成是用，即把理看成是心本体的流行发用。正如水源必发为流水一样，体用一源，源流一体，心理异名同实，心即是理。

　　其次，从理这一方面说，阳明认为，理是心的条理，是心感物所表现出来的条理，理虽万殊，千变万化，不可穷尽，而心却只有一个。反过来说，心虽只有一个，而事却万殊，以至无穷无尽，不可穷竭。故以体言，心即理；以用言，理即心。

阳明反对割裂心与理，其原因有二，一是认为不能舍心而求理，二是认为不能舍理而求心。在阳明看来，舍心而求物理，这是朱子后学，或者说是所谓世儒的陋习，而遗物理而求心则是佛老之徒的伎俩。由于舍心而求物理的危害比遗物理而求心更大，故阳明心即理的论说反对的主要倾向便是世儒的舍心而求物理。

　　阳明的心即理的论说，在道德的层面虽然可以说得通，但在知识论的层面上却难以说通。因为客观事物之理与主观的心毕竟不是同一，或者说不是体用关系，故阳明心即理的论说提出以后，亦遭到朋友的批评，被认为是务内而遗外，在弟子中亦有许多疑惑。在这种情况下，阳明一再提请弟子要识其立言宗旨。他说："诸君要识得我立言宗旨。我如今说个心即理是如何，只为世人分心与理为二故，便有许多病痛……分心与理为二，其流至于伯道之伪而不自知。故我说个心即理，要知心理是一个，便来心上做工夫，不去袭义于外，便是王道之真。此我立言宗旨。"阳明的这一用心固然良苦，值得同情，但是，心即理是一形而上的哲学命题，形而上的哲学命题应该是普遍性和合理性，不是仅仅为了纠偏而已。阳明因纠偏而倡为心即理，在理论不能不是粗疏的。

三、心外无物

　　心外无物，是阳明心本体论的又一个重要命题。陆九渊没有正面论述心物关系，但有一个著名命题："宇宙便是吾心，吾心即是宇宙。"陆氏以心为宇宙本体，也就是以心为万物的本体。阳明则系统地发挥这一观点。

物是客观的存在，为什么说心外无物？心外无物的物，在阳明的著作里，有时是指事物的事，有时则指万物的物。物是事，而事是人类主体的行为，这样，事就不能离人离心。阳明说，物即是事，如意用于事亲，那么事亲就是一物；意用于治民，那么治民就是一物；意用于读书，那么读书就是一物；意用于听讼，那么听讼就是一物。凡是意之所用之处都是物，有其意即有其物，无其意就没有物，此物不是意之所用吗？在这里，阳明所说的意之所用，是指主观见之于客观的活动，就人类的个体而言，固不能说心外无物，但就人类的群体而言，是可以说人类没有脱离其心的活动的。阳明以心为体，以事为用，心必见于事，事必归于心。"心外无物"在这个意义上说，是可以说得通的。

问题是，就天地万物言，是不是也可以说心外无物呢？或者说，心外无物的物在指天地万物时，这一命题的含义又是什么？

要说阳明的"心外无物"是不承认客物事物的实在性，这是不符合实际的。如有的学者以禅宗来比附王学，认为阳明也像禅宗那样认为山河大地只是心的幻影，这是缺少依据的。事实上，阳明是肯定天地万物客观性的。这在《王阳明全集》中有很多的例证。如在《气候图序》中肯定天地有其自然的运行规律，在《南冈说》中肯定南冈的物质实在性，在《传习录中》里以阴阳之气的生生解释传统的太极生生之理，等等。我们也不可设想，作为有明一代杰出的军事家、政治家，他也会像禅宗那样视天地万物为幻为虚，诚如此，他将如何率兵作战、克敌制胜？

因此，在自然宇宙论上，阳明并没有否定外物存在的真实性和客观性。心外无物作为哲学命题，不是自然宇宙论的命题，而只是一个本体论和价值论的哲学命题。《传习录下》有一个故事说：阳明与朋友游会稽南镇，一位朋友指着山中的花树问阳明，你说天下无心外之物，像这棵花树，在深山中自开自落，这与我的心有什么关系？阳明回答说，你未看见这棵花树时，此花与你的心都处于寂寞之中；你来看此花时，则这棵花树花的颜色鲜艳明白起来，可知此花不在你的心外。阳明的这段话，常常被说成是典型的唯心论。其实他要说明的是价值论上的心物关系问题。从友人所提出的问题来看，重心并不在探讨心外有物还是无物的问题，而是物与心的关系问题。花树在深山中自开自落，不以人的意志为转移，这是不争的事实，友人把它作为一个不容辩驳的问题提出来，阳明也是把它作为事实而不加否定的。他的回答亦是紧扣着心物关系展开的。为什么你未看此花时，此花与你的心都处于寂寞之中呢？这是因为心物不相接时，心是心，物是物，心不知物，而物亦不应心，花就失去了为人所欣赏的价值，它虽存在而无其用，故虽存在犹同于不存在。为什么你来看此花时，此花的颜色就鲜艳明白起来呢？这是因为心物相接，花的欣赏价值就显现出来了。故物的价值是不可能离开人，或者说心的。

在《传习录下》中，与南镇论花性质相同的还有如下一段话。学生问，天地鬼神万物，是千古存在的，如何没有了我的心，便俱无了？阳明回答说：现在看死了的人，他的灵明没有了，他的天地万物还在哪里呢？阳明的这一段话，也是一个从价值论上立论的，天地鬼神万物，对于活着的人来说，有它存在的价值，而对于死了的人说，它就无存在的价值了。于此，我们可知"心外无物"这一命题，在物指天地万物之物时，并不是说于心之外天地万物就不存在，而只是说，离开了心，就没有为人类所欣赏所利用的存在价值或存在的意义。

因此，我们是不能认为阳明的心外无物是否认客观万物的真实性，或者认为他是主张万物都是由心所派生的。

四、心有体用

体用关系问题，是宋明哲学中的基本问题。所谓体，是指根本，所谓用是指作用，体是用的根本，而用则是体的作用。程颐说：心只有一个，有时指体而言，这就是所谓的"寂然不动"，有时指用而言，这就是所谓的"感而遂通"，全看你从哪一方面而言。阳明也认为，人之心有体有用，好像水有源而木有枝叶一样。但体用一源，有其体必有其用。《传习录上》说：如果此心纯是天理，没有人欲之私，是个诚孝的心，冬时自然要思量父母的寒，自然要去求个温的道理；夏时自然要思量父母的热，自然要去求个清的道理。这如同树木，这诚孝的心便是根、是体，温清便是枝叶，有何根便有何枝叶，有何体便有何用。诚于中心形于外，孝于心必见之于行。这种有其体便有其用的思想，可以说贯穿整个《王阳明全集》，特别是在平定宁王和居越讲学期间所写的文章和书信中。

有其体必有其用，反过来说，也就是有其用必有其体。阳明说，体用原是一源的。有这个体就有这个用，有"未发之中"，就有"发而皆中节之和"。如果今人未能有"发而皆中节之和"，也就知道他在"未发之中"上有所欠缺。未发已发，是四书之一《中庸》的术语，未发指性，已发指情。性必表现于情，情必反映性。阳明以"未发"之中为良知，以"发而皆中节"为孝悌忠信。人有良知一定要表现于孝悌忠信，这是体表现于用。人如不忠不孝之极，事父事君皆未能有中节之和，于此也可察见其良知尚处于昏蔽之中。所以既可以以体而求其用，亦可以以用返观其体。体用的关系是内外一体的关系，体失其用，体将不体，用失其体，用不成用。心体心用可以内外隐显言，而不可以先后言。

阳明还认为，体用虽然一源，但体同并非用也同，而是体一而用异。一园之竹，枝节相同，而其高下大小万千；一树之枝，其根相同，而枝叶各异；规矩尺度只有一个，而天下方圆长短无穷。古今圣人纯乎天理相同，而其气象仪容各不相同。良知只是一个天理，而致其良知，事父便是孝，从兄便是悌，事君便是忠，交友便是信，亲民便是仁。所以体只有一个，而用却有万千，体是简一的，而用却纷繁复杂。

但是，又不能说合所有的用才见本体，譬如见一条河流里的月就可知天上的月，而不必合地上千千万万条河流的月才见天上的月一样。体用的这种关系，阳明认为也是应该注意的。

阳明还提出心体精微难知而发用却显而易见的观点。阳明认为，良知虽是至简至易，但它又是至精至微的，最难捉摸。比如人的手掌，无目不见，但问他掌中有多少纹理，却是谁也说不清楚。良知之体也一样，虽然一讲就明，谁不知得？而欲见良知，谁又见得？但是心体虽然精微难识，却可以在其流行

114

发用上见，七情顺其自然流行，皆是良知之用，明明德可于亲民上见，人只有亲于其父，而后才可见孝德；悌于其兄，而后才可见悌德；忠于其民，而后才可见仁德。天理可于节目事变中见，心体虽然至精至微，而其所感通的事物却是无处不可见。

体用一源，知体之所以为用，则知用之所以为体。但比较起来，阳明还是强调以用求体的。这就是以省察克治，事上磨炼而知其良知，于去人欲之处而存其天理，也就是说，必以功夫复其本体。以用求体，以功夫复本体，这是阳明全部道德修养论的归宿，亦是其心本体用论的归宿。

五、王门四句教

在居越讲学期间，阳明提出了他的著名的四句教："无善无恶心之体，有善有恶意之动，知善知恶是良知，为善去恶是格物。"阳明自己对四句教极为重视，说自己年来立教，数经变更，今始立此四句为教。

嘉靖六年（1527），阳明应诏征广西思田，出发前夕，学生钱德洪和王畿论学。王畿认为阳明的四句教在逻辑上存在问题，如果说意有善恶，那么心体也就会有善恶，因为心内意外，这就是后来王畿的"四无说"。钱德洪却不同意，认为心体是天命之性，可以说是无善无恶，而人有习心，在意念上就会有善有恶，格物致知，正是教人复其心性，如果意念也无恶善，就不需要下修养的功夫了。二人争论不下，就去请教阳明。这一晚阳明正坐在天泉桥上，阳明说王畿和钱德洪可以互补，王畿的话适用于聪明利根之人，利根的人一悟本体，便是功夫。而钱德洪的话可以适用于中智以下的人，中智以下的人未免有习心，使本体受蔽，只有在意念上为善去恶，才能够回复本体。并谆谆告诫他们，以后论学，切切不可失了四句本旨。依此话头随人指点，自然没有病痛。利根之人，由于很少，所以不能轻易指望人将本体功夫一悟尽透。通常人有习心，必须在良知上实用为善去恶功夫，不去悬空想个本体，才不会养成一个虚寂。在这里阳明对王畿和钱德洪都有肯定，其实他只是肯定钱德洪而不赞同王畿。由于阳明的这一番话是在天泉桥上对二人说的，因此在后世，阳明的这一番话便被称为"天泉证道"。

在当今和后世，在四句教的理解上，争议最大的是首句"无善无恶心之体"。阳明一生以传孔子孟子的学说为己任，其学以良知为宗旨，开口为善，闭口去恶，而今却倡导无善无恶心之体，这又怎么可能？因此有不少学者就怀疑阳明的四句教的真实性，或者认为至多是阳明偶然说说而已，而不能看成是王门之教的定本的。

问题是什么是心之体？心之体即心的本体自然状态。而善恶是一道德范畴。阳明论心，在道德的层面上说，他确实是把心视为至善无恶的，如说："至善是心之本体。""至善只是此心纯乎天理之极便是。""至善者，心之本体也，心之本体，哪有不善？"如此等等。但是，阳明论心，还有超越与至善无恶的意义一面。也就是说，心在阳明那里，除了道德层面的意义外，还有认识的层面、本体层面的意义。总的来看，阳明早年论心，侧重在道德的层面上，而晚年论心，则侧重在认识和本体的层面上。比如，他曾把心本体譬为太虚，认为太虚之中，日月星辰，风雷雨露，样样都有，但都没有成为太虚的障碍，人心本体也是这样。阳明以太虚喻心体，显然，这里的心体已超越了道德的层面，超越了道德的层面，也就是超越了善恶，即无善无恶了。在能照或从本体的意义上说，心体原是无体，而只以万物为体。在心体能照面前妍者妍，媸者媸，而心体本身却没有妍媸。人们不能总说心体照妍是善，照媸是恶。在这个意义上，心体可以言昏明，但不可以言善恶是显而易见的。阳明言"无善无恶心之体"，正是在这个意义上说的。

至于第二句"有善有恶意之动"，这是承第一句"无善无恶心之体"而来。在阳明看来，心无善恶，而意却有善恶。意所以有善恶，首先是因为心体虽无善恶，但常人之心，不能不有私智的昏蔽，私欲的阻隔，一有昏蔽阻隔，则其意念思虑，就不能不有私意恶念，如人有好名、好色、好货之心，皆可以障蔽良知，而使为善之性，不得充分地表现。其次，意有善恶，还在于意又是人的意向，既是意向，就不能不有好恶取舍之心。比如花草，就其本心而言，原是无善无恶的。只是人以其意向取舍不同，而有善恶之分。如观花者以草为恶，而用草者又以草为善，以人不同而善恶不同。阳明认为，人的意向虽然不能无善恶之情，但是必须使自己的意向摆脱气的主宰而纳入理的轨道，方是诚意复心体的功夫。

第三句"知善知恶是良知"，是说对善恶的自我认识。人不但能为善为恶，而且能自知为善为恶。他孝，能自知为孝；不孝，亦能自知不孝。他忠，能自知为忠；不忠，亦能自知不忠。这种对自己德行的自我认识，是人特有的能动性的表现。在阳明的哲学里，这被称为良知。

良知为什么能知善知恶呢？在阳明看来，这是因为良知有思的功能。因为良知不但能知，而且能自知，故一念之发，一事之感，其为至善，良知能自知，其为不善，良知亦能自知，并不需要他人提醒。故人依着良知，自能调节自己的言论和行为，自能见善而思齐，见恶而改过，舍却良知，便不能辨别善恶是非，所以诚意只在致其良知。

第四句"为善去恶是格物"，是说复心本体的途径。阳明虽然主张知行合一，知之真切，笃实处即是行，但却不能说知善知恶就是为善去恶，或者说有良知即有美行。如果良知即美行，也就无须说致良知了，所以阳明在提出知善知恶是良知后，还强调以格物功夫为善去恶。

格物为什么能为善去恶呢？阳明认为，格物就是正念头。良知所知之善，虽欲爱好它，如果不就意之所在的事上实实在在地去做它，即下一番格物功夫，则虽有爱好之念，犹不能说爱好之念是真诚的，为善之行是落实的。良知所知之恶，虽欲厌恶它，如果不就意之所在的事上实实在在地去掉它，即下一番格物功夫，则厌恶之意就不能说是真诚的，去恶之行是落实的。只有对良知所知之善，在意之所在之上实实在在而为，对良知所知之恶，在意之所在的事上实实在在去不为，则良知所知就不亏缺障蔽，良知始能得到推广和扩充，这也就是说，无格物，良知虽然知善知恶，却不能落实在行为上为善去恶。在这里，阳明是以良知为知，而以格物为行的，故要为善去恶，必须以格物为途径。

第 8 章

起征思田

一、抚平思田之乱

嘉靖六年（1527）五月，朝廷任命阳明兼督察院左都御史，征讨广西土酋卢苏和王受。阳明此时正在病中，上疏辞免，没有得到同意。不得已，他只好起身，九月离越入广。在过桐庐钓台时，他作了一首诗："忆昔过钓台，驱驰正军旅。十年今始来，复以兵戈起……人生何碌碌，高尚当如此。疮痍念同胞，至人匪为已。过门入遑遑，忧劳岂得已！滔滔良自伤，果哉末难矣。"钓台是他正德十四年（1519）献俘经过的地方，因忙于军旅不及登临，想及又以兵革而复过此地，思前想后，感慨良多。对阳明来说，此行是不得已的。正如诗里所说，只因忧念同胞，他才抱病入广。

思田之乱起自少数民族酋长的内乱，因处置不当，发展为反叛朝廷。当地人岑猛氏是广西诸土司中的大族。明初，其先世岑伯颜以田州（今广西田阳）归附明太祖，被封为田州府土官知府，子孙世袭。岑猛袭封不久，土官岑睿攻伐岑猛，据田州，明督察御史潘蕃发兵灭睿，改思恩为流官知府，兼领田州，降岑猛福建平海千户。正德初刘瑾擅政，岑猛贿赂刘瑾，复为田州府同知，重振兵威。后以没有恢复知府秩，遂侵邻府。嘉靖五年（1526），明都督姚镆发兵征讨，岑猛逃奔被杀。田州乱平未几，岑猛部属卢苏、王受又聚众煽乱，攻陷思恩。姚镆复合四省兵征讨，不能胜。故朝廷让姚镆致仕，起用阳明总督两广及江西、湖广军务，入广征讨。

嘉靖六年九月，阳明离越，经桐庐、衢县、常山、南昌、吉安、肇庆而至梧州。一路上阳明访问调查，考虑对策。他认为，岑猛为乱，固有可诛之罪，但造成如此形势，前此当事之人有不可推卸的责任，特别是改土官为流官，违背当地民情，流弊不少。为此，他拟定了以和平手段解决思田之乱的方略。阳明到南宁以后，下令尽撤调集的防守之兵，因湖广路远一时不便遣返其兵，仍使其分留在宾宁等地解甲休养。卢苏、王受原来就有归顺之意，又见阳明尽撤守兵，更加坚定了归顺之念。于是囚首自缚，与其头目数百人赴阳明军门自动请降，阳明各杖其一百，乃解其缚。他在疏中说：解其缚者，以示朝廷天地好生之恩，而必杖之者，示以惩罚，原是人臣执法之义，由是不折一矢，不戮一卒，为时不到二月，即平定了思恩、田州之乱。

在平定思田之乱后，阳明又应当地父老的要求，于嘉靖七年平定了八寨和断藤峡土著民族之乱。八寨和断藤峡地势险峻，特别是断藤峡更是如此。当地居民为瑶僮，因不满流官等多种原因，为乱由来已久。自明开国以来，屡征不服。明英宗天顺年间，都御史韩雍统兵二十万，曾深入其地予以镇压，但撤兵没有多久，又据城为乱。至于八寨僮民，更为剽悍，以其地处天险，进兵无路，明初都督韩观以数万之众围其地，终不能破。自阳明至广西，左平定田州后，即移兵八寨和断藤峡两处天险。八寨和断藤峡之民初闻阳明入广，"皆逃匿深险"，后来听说卢苏、王受降，阳明又驻南宁遣散诸兵，就完全失去了戒备。阳明利用滞留广西的湖广之兵还军之便，令湖广佥事汪溱、广西副使翁素等将兵袭剿断藤峡，又利用卢苏、王受愿意报效之机，遣右政使林富等人督师进剿八寨。终于乘其不备，出其不意，迅速剿平二处据点。这两仗，阳明以最小的代价取得了最大的成功，对比，阳明非常自得，作《平八寨》说："见说韩公破此蛮，貔貅十万骑连山。而今止用三千卒，遂尔收功一月间。岂是人谋能妙算？偶逢天助及师还。穷搜极讨非长计，须有恩威化梗顽。"又作《破断藤峡》说："才看干羽格苗夷，忽见风雷起战旗。六月徂征非得已，一方流毒已多时。迁宾玉石分须早，聊庆云霓怨莫迟。嗟尔有司惩既往，好将恩信抚遗黎。"

阳明在平思田和八寨、断藤峡后，为做好善后工作，又采取了一系列的政治措施。他改田州为田宁府，立岑猛第三子岑邦相为吏目，待其有功，渐升知州，以便收拢当地居民之心。又在八寨、断藤峡两地改立卫所，增设县治，增筑守镇城堡等等，以加强对当地的控制。这些措施的实行，使明朝西南地区保持了较长时间的平静和安定。

嘉靖七年十月，阳明的肺病和足疮加剧。本来他是带病出征的，繁重的军务和政事使他日夜操劳不止，而当地气候炎热更加重了病情的发展。随行之医，又以水土不服为由，中途辞归。自此，阳明不敢轻易用药，以致遍身肿毒，昼夜咳嗽不息，又加厌食，每日仅强吞数匙稀粥，稍多即呕。他上疏请求还乡养病，但没有得到批复。于是他不等朝廷令下，就由南宁起程回越。在经梧州时，阳明拜谒了伏波庙。又绕道增城，谒祠奉祀先祖庙，访好友湛若水的故居。是年十一月二十五日，阳明逾梅岭至南安，此时他的病势已很沉重。登舟时，南安推官门人周积来见，阳明起坐，咳喘不已。周积请安，遂问身体，阳明说："病势危亟，所未死者，元气耳。"他深感自己是不久于人世了。二十九日过青龙铺，又召周积入，许久，开目对周积说："我要去了。"周积哭着问遗言，阳明微笑说："此心光明，亦复何言！"须臾，瞑目而逝。时嘉靖七年十一月二十九日，年五十七岁。嘉靖八年十一月，门人会葬者千余人，葬阳明于越城外三十里的洪溪。

二、民族自治

在中央政府的统辖下，让少数民族聚居的地方实行自治，是阳明在征思田期间形成的重要政治思想。

西南地区是我国少数民族聚居的地区，其中僮、瑶、苗等族杂处。明初，朝廷曾在这一地区废土官，改由中央任命的流官来进行统治，即所谓改土归流。由于历史和吏治的种种原因，这一地区成为明代政治最动荡的地区。明弘治年间，广西思恩府土官岑睿和田州府土官岑猛相互仇杀，朝廷派兵镇压，诛岑睿，降岑猛为福建平海卫千户，但岑猛并未到任。后岑猛复乱被杀，思田平。不久，田州土酋卢苏和思恩土酋王受不服，又相互作乱，屡败官军。都御史姚镆无能为力，由是朝廷让姚镆致仕，而起用阳明总督广西等四省军务。

阳明认为，治理土民，还须土官。原因在于，治理民众，必须因其俗而顺其情。天下郡县之设，有大小繁简之别，有中土边方之殊，有流官土官之异，这不是有意变换花样，"盖亦因其广谷大川风土之异气，人生其间，刚柔缓急之异禀，服食器用，好恶习尚之异类，是以顺其情不违其俗，顺其故不异其宜，要在使人各得其宜，固亦惟以乱民而已矣"。故西南地区是设流官还是二官，应从当地的实际情况出发。

阳明指出，从改土归流的历史看，流官之设，亦徒有虚名，而反受实祸。思恩在设流官之前，土人岁出兵三千，以听官府调遣，既设流官之后，官府岁发民兵数千以防土人反复，即此一事，利害可知。且思恩自设流官以来，十八九年间，反者五六起，前后征巢，曾无休息，不知调集军兵若干，费用粮饷若干，杀伤良民若干。朝廷曾不能得其分寸之益，而反为之扰劳征发，生民涂炭，故设流官无益，是最清楚不过的。而现在论者认为既已设流官，如果再回复土官制度，恐招人议论，这是不忠的表现。阳明认为，只要有利于国有益于民，臣子应该死且不顾，还怕什么议论呢？他说：如果流官设而夷民服，何苦不设流官呢？只是因为流官一设，夷民因之骚乱，如此，则仁人君子又怎么安心忍人民骚乱，而一定要坚持设流官呢？如果土官去而夷民服，又何苦要设土官呢？只因为土官一去而夷民因以背叛，如此，则仁人君子又怎么可以安忍夷民的背叛，而一定要坚持改二归流呢？凡是只虑及目前的毁誉，而不考虑日后的长远利益，那都不过只为自己考虑，而不为国家长久之计。在这里，阳明其实是主张在中央统一政权的管辖下，让少数民族聚居的地方实行民族自治，而不应如同中原地区已实行的那样由中央直接派遣官吏来治理。

根据这样的认识，阳明在招抚王受、卢苏，平定思田以后，会同总镇、镇巡、副参、三司、御史等官，提出仍立土官知州以顺土夷之情的主张。他在原田州府外，另立田州州治，听其以土俗自治。而以原土官岑猛之子为署州事吏目，三年之后，待其效有勤劳，就授以判官；六年之后，待其效有勤劳，再授以同知；九年以后，待其效有勤劳，再授以田州知府。从而使其继承岑猛之祀，如此方使土民归心，符合孔子近者悦，远者怀之旨，至于思恩因原土官岑睿之后已绝，情况不同于田州，故不必再设土官。

但是，阳明的这种设土官自治，以顺其俗的做法不同于往日的土官之设。他深知这种土官制度亦有不少的弊端。主要是，在其势力发展后，易于违犯中央政权的节制，而为独立王国。对于这种可能出现的弊端，他从两个方面进行补救，一是特设流官知府以制土官之势，二是分设土官巡检以散各夷之党。

所谓设流官知府以制土官之势，是指在田州府设流官知府，以控制田州土官知州。当然，设置这种流官知府亦不同于中土的知府。不同在于，它不治以中土的经界，而只纳其岁办租税，使其知有所归效；亦不莅以中土的等威，而只操其袭授调发之权，使其知有所统摄；亦不绳以中土的礼教，而只制其朝会贡献之期，使其知有所尊奉；亦不严以中土的法禁，而只申其冤抑不平之鸣，使其知有所赴诉。如此等等。

所谓分设土官巡检以散各夷之党则是从下面削弱土官的势力。阳明认为，立土官自治以后，如果仍以土兵尽属土官知州，则其势并力众易生骄恣。数年之后，必有报仇复怨，吞弱暴寡之事。如此，则土官之患依旧如故。而且以土目属于土官，而操其生杀予夺之权，必造成土目唯以土官之命是从，而不复知有流官知府之设。如此，则流官知府亦形同虚设。为此，阳明规定，土目巡检的粮税之入，均纳于流官知府，而不必转输于土官知州，其军马之出，亦均调于流官知府，而不必转发于土官知州。其官职土地的继承，袭授予夺，亦必经由流官知府，而不必经由土官知州的批准。如此，就绝去土官知州的羽翼之助，而使其不敢纵肆为恶，土目各有土地人民之保，而不敢党比为乱。故田州、思恩虽设土目巡检，与往昔的土目实有不同。如此，"则流官之设，既不失朝廷之旧，巡司之立，又足以散土夷之党，而土俗之治，复可以顺远人之情，一举而两得矣"。

在对待西南少数民族问题上，阳明虽然不免有大汉族主义思想，但他主张在中央集权下在少数民族区域实行自治，则是正确的，在维护明王朝的统一和巩固，以及发展西南边方的经济起到了重要作用。

三、边方用人之道

阳明是一军事家、教育家、政治家，又是一个人才思想家，他在平定思田之乱后，特别关注边方地区的用人问题。嘉

125

靖七年（1528）二月十五日，他向朝廷上《地方紧急用人疏》；二月二十八日，又上《地方急缺官员疏》；七年五月二十五日，又上《举能抚治疏》；七月初六日，又上《边防缺官荐才赞理疏》。在这些疏里，他深切地感到地方乱后人才的危机和官员的缺乏：“一应事务，莫有任其责者。”因此，官员的配置，不能不是乱后的头等大事。

阳明深知边方用人的困难。困难在于：在这些反复动乱之地，不得忠实勇果通达坦易之才，就不容易定其乱；既已有其才，如果不熟悉土俗及当地居民的情性，或过刚使气，率意径行，又不容易得民心；既已得民心，如果人才不耐其地方的水土，后多生疾病，又不能久居其地，以收积累之功，如此就无政绩可言。所以边方用人，必须兼具这三个条件而后可，这比中原地带的用人，就要困难得多。他举出自己的经验说：在南宁思田等地，因无才可用，他就调取出于科班而被迁谪到当地的三四个人，这些人的志向才识虽然可堪任用，但到任未旬日就患病告假。不得已，只得使用当地的一些人，又都是一些庸劣陋下之人，这些人虽有一技之长，但任用的结果，往往是成就小，而破坏大。由此可知边方人民的贫困和地方的动乱，也就没有什么奇怪了。

阳明阐述他的用人原则是：

（1）以德为先。他说：“夫朝廷用人，不贵其有过人之才，而贵其有事君之心。苟无事君之忠而徒有过人之才，则其所谓才者，足以济其一己之功利，全躯保妻子而已耳。”他还区分了两种情况，一种是向朝廷推荐人才，一种是自己用人。如果是自己用人，因其权度在己，故小人而有才者，亦可以任用。

如果向朝廷推荐人才，则必须以德为先。因为评品一定，便如黑白一样分明，其间的长短之处，如果不是明言，又有谁知？小人之才固然可用，伹正如砒硫芒硝虽有攻毒之功，而如果混于参苓之间而过养生之人，万一用之不精，就要伤生致死，故不能不先德而后才，先仁而后智。

（2）破格而用。明代历史的取用和升降，皆有时例。以取用言，或通过三年一次的科举考试，或从国子监中直接选拔，或由在位大臣举荐。以升迁言，要经三年一考察而决定升降，阳明认为，为急用人才，这些时例皆可以打破。他在《边方缺官荐才赞理疏》中说：现在边方偏僻之处，没有可用的人才，以至所用的是一些庸劣陋下的人，增加了地方的苦弊。而一些豪杰可用之人，却为时例所限制，以至弃置不用。时例乃是朝廷所规定的，可以限制亦可以不受它的限制，陛下为什么忍看边方的祸患一天比一天深，而不肯打破时例使用人才以救地方之苦呢？因此，真正要用才，就不能受时例的束缚，特别是对边方来说，更是如此。

（3）久其职任。阳明主张官吏不宜频繁调动，而应久其职任，为他们建功立业创造一个安定的环境。否则必然会造成官吏无久远之图的急功近利思想，特别是对州郡守令和巡抚，他们在地方上负有主要责任，更应如此。他在《辞巡抚兼任举能自代疏》中说：巡抚的职任，如果不是久其职任，则他凡是有所举动，多从目前一时考虑，而不是为日后长久着想，取一时的虚名，而留下以后百年的实祸。恩泽未施于百姓，小民就无爱戴感恋的诚意；威德未播于远，土著居民就无信服归向之心。这就是巡抚两广的职任，虽然才能之士前后相继，而没有

127

取得很大治效的原因，所以他主张对官吏不能求效太速。要避免他们有短期行为，就要久其职任。

（4）综核名实。名和实是考核人才必须兼顾言行两个方面。阳明对汉代宣帝在考核官吏时综核名实的做法很欣赏。阳明认为，当世实行朝廷考察的方法取舍升降官吏，摈而去的那些人，固然很多是贪暴不才之人，但其中亦有平生磊落自负，其学识才能足以有为，而只为一时的舆论所乱的人。所以考察官吏要从名实两个方面进行，而不必只听外界的毁誉。

至于如何综核名实，阳明提出要听取公论，他向世宗皇帝建议，广泛地让臣下推举人才，每人各举十名，然后综合加以考察，若一人推荐九人不推荐，那么这样的人属于未可用之列，如三人推荐而七人不推举，这样的人就应该纳入考察之列，如五人推荐而五人不推荐，这样的人就应该详细考察，如七人推荐而只有一两人不推荐，这样的人就应无可怀疑地加以任用。阳明的这一方法，与孟子提出的以国人的意见鉴定贤不肖是一脉相承的。

此外，阳明还论及如何荐贤，他认为，荐贤一要忠，二要明。小人谗邪不去，贤士君子就不能安于其位，有为于时。因此，进贤去不肖，这是人人都知道的。而所以发生蔽贤病国的事，原因就在与进贤平日本无忠君爱国的诚心，免不了要讨好世俗，信谗顺谀，终致有贤而不知贤，见不肖而不以为不肖，故要进贤，首先要忠。当然还要有明，有忠而无明，依然不能识贤，但对多数在位者来说是忠的问题；对少数忠臣来说是明的问题。荐贤者唯有既忠且明，方能取其所当取，舍其所应舍，阳明的这些思想都是合理和积极的。

四、移风易俗，宜有学校

学校是官府或者社会有组织有计划地进行系统教育的机构，是培养人才的地方。阳明是有明一代的著名教育家。极其重视学校的教育。早在弘治十二年（1499），他在《陈言边务疏》里就提出"蓄材以备急"的建议，主张把公侯之子聚之于学，选择有文有武的老师加以教育，他引孟子的话说："苟为不蓄，终身不得"。只要兴学培养，国家是不愁缺乏人才的。

因此，无论是军务政务多么繁忙，阳明都把兴立学校放在心中。在正德十三年（1518）平定南赣后，即告谕南赣所属各县父老子弟，互相诫勉，兴立社学，并撰《训蒙大意示教读刘伯颂等》，规定社学的讲学准则。嘉靖七年（1528）二月，在平思田后，又即刻建立思田学校。六月，又兴建南宁学校，并为各县学校配置主讲教师，委任原合浦县丞陈近主教灵山等县，揭阳县主簿季本主教敷文学院，如此等等。

阳明强调，学校教学是转移风俗的根本。他认为，百姓亦非无是非之人，而蔽昧不悟，风俗颓靡，是学之不讲而教之不明造成的。三代重视立教兴学，原因就在这里。如今风俗凋弊，其因出于学校不受重视，故他在处理军务政务之余，把教务当作一等之务来办。嘉靖七年正月，他在《批立社学师嗜老名呈》中说："看得教民成俗，莫先于学。"四月在《案行广西提学道兴思田学校》中说："用夏变夷，宜有学校。"六月又在《牌行灵山县延师设教》《牌行南宁府延师设教》中指出："理学不明，人心险溺，是以士习日偷，风教不振。"又在《牌行委官陈逅设教灵山》中指出："务行立志敦本，敦为身心之学。"在《牌行委官季本设教南宁》中指出："务在兴起身圣贤之学，一洗习染之陋。"可见阳明对兴学立教的重视。

阳明继承儒家德教重于文教的传统，把成德提在学校教育的首位。在他看来，三代之教，其大端无非是"父子有亲，君臣有义，夫妇有别，长幼有序，朋友有信五者而已"。在写于征思田之前的《答顾东桥书》中说："当是之时，人无异见，家无异习，安此者谓之圣，勉此者谓之贤，而背此者虽其启明如朱亦谓之不肖。下至闾井、田野、农、工、商、贾之贱，莫不皆有是学，而唯以成其德行为务。"

阳明重视在学校教育中习礼。在平思田期间，阳明有鉴于边方百姓不习中土的礼仪，所以特别重视学校应教之礼仪。他在《牌行南宁府延师讲礼》中说：安上治民，没有比礼更好的，冠婚丧祭诸种礼仪，本应是每家每户都应懂的，现在都被废弃不讲，你想风俗变善，这又怎么可能，况且在这些边远的地方，与土著杂处，顽梗成为风气，而官府只会以刑驱使，以势压迫，真所谓以火济火，怎么有益于治？如果教之以礼，也就差不多是所谓的小人学道则易于役使了。为此，他把游学南宁而深晓冠婚乡射诸种礼仪的福建儒生陈大章推荐给南宁府，并要他们很好地接待陈大章，让陈大章与南宁各学校的学生，相与讲解演习，以改进当地的风俗。

综上所述，我们可知，阳明虽然强调尊德性，但他并不是如人们所想象的那样，只知省察克治以自修，而不懂兴学以育才的。相反，他对兴办学校倾注了很大的热情，哪怕是在戎马倥偬之中和身在少数民族聚居的边方地区时都是如此。

第9章

身后际遇和王学的分化

一、身后际遇

阳明忠诚国事，死于征途，这种情况很像东汉的马伏波，也像蜀汉的诸葛亮。他生前也常以伏波与孔明自况。但是，由于当路对他的嫉恨，死后，他却又一次遭到诽谤。时任吏部尚书的桂萼，本来就嫉妒阳明，此次阳明的死讯传到京师，即奏其擅离职守。而糊涂的明世宗，竟然轻信桂萼等人的胡言，下诏停世袭，一应恤典俱不行，且下旨禁"伪学"。由是阳明的学说与朱学在宋宁宗朝的遭遇一样，被朝廷明令宣布为伪学而加以禁止。

对阳明所受到的不公正待遇，他的门生及有正义感的士大夫都感到非常不平，他们或相期聚会，讲论师说；或于各地建祠堂书院，颂扬师德；或刻阳明文录，传播师言。其中比较重要的有：嘉靖九年（1530），门人薛侃在天真山建精舍，祀阳明。十一年，门人方献夫会同门人四十余人于京师，聚于庆寿

131

山房讲论师说。十二年，门人欧阳德合与南畿讲论师说。十三年正月，门人邹守益在安福建复古书院。三月，门人李遂在衢麓建讲舍。五月巡按贵州监察御史王杏在贵阳建王公祠。十四年，钱德洪等人在姑苏刻阳明文录。十五年，巡按浙江检察御史张景、提学佥事徐阶重修天真精舍。十六年十月，门人周汝员在越建新建伯祠。十一月，佥事沈谧在文湖建书院。十七年，巡按浙江监察御史傅凤翔在龙山建阳明祠。十八年，江西提学副使徐阶在洪都建仰止祠，吉安士民在庐陵建报功祠。十九年，门人周桐、应典在寿岩建书院。二十一年，门人范引年在青田建混元书院。二十三年，门人徐珊在辰州建虎溪精舍。二十七年八月，万安门人在万安白云山麓建云兴书院。九月，门人陈大伦在韶关建明经书院。二十九年正月，吏部主事史际在溧阳建嘉义书院。三十年，巡按贵州监察御史赵锦在龙场建阳明祠。三十年，提督南赣都御史张烜在赣州郁孤山和南安建复阳明王公祠。三十二年，江西佥事沈谧在信丰县修复阳明王公祠。三月，在南康改建王公祠。六月，崇义知县王廷耀重修阳明王公祠。三十三年，巡按直隶监御史闾东、宁国知府刘起宗在水西建水西书院。三十四年，欧阳德改建天真仰止祠。三十五年二月，提学御史赵蹚在广德修建复初书院等等。总之，在世宗嘉靖三四十年间，阳明祠、阳明书院遍布整个南中国，特别是在他曾生活和活动过的浙江、江西、广西等地。阳明门人、朋友和信奉者的这些活动，早已打破了朝廷的学禁，极大地扩大了阳明思想的影响。

明穆宗隆庆六年（1567）五月，给事中辛自修、岑用宾、御史王好问、耿定向等人共同上疏，请为阳明恤典。经吏部会议，认为阳明文武全才，抗疏触犯宦官，受贬谪之苦，后提兵平逆，其伟节奇勋是舆论所公认的，不应没有恤典赠谥。疏上，阳明赠新建侯，谥文成。又过了十七年，至明神宗万历十二年（1584），朝廷又以王阳明、陈献章、胡居仁、薛瑄同祀孔子庙庭。这时离阳明之死，已有五十六年了。

二、王学的分化

阳明死后，王学即趋于分化。历史上，在学术流派的发展中，分化是不可避免的。孔子死后，儒分为八；墨子死后，墨离为三；阳明死后，王学亦面临同样的命运。黄宗羲在《明儒学案》中，曾把王门后学分为浙中王门、南中王门、粤中王门、江右王门、楚中王门、北方王门、粤闽王门以及泰州学派八个派别。其中主要的是浙中王门、江右王门以及泰州学派。

浙中王门

这是指流行于浙江的王门后学，主要是余姚、山阴、会稽等浙东地区，从成员的出身来看，主要是由社会上层知识分子所组成。其主要的领袖人物是王畿。王畿字汝中，号龙溪，山阴人，嘉靖二年（1523）受业于阳明，五年登进士第。因当权者不喜欢讲学，没有参加廷试而归阳明之门。当时四方之士就学于阳明之门的很多，阳明不能人人都亲自授学，就让王畿和钱德洪疏其大意，被称为教授师。王畿在阳明死后虽被授以南京职方主事，后迁至武选郎中，但为当时的宰相所恶，就乞休归乡，从此身居林下四十余年，无日不讲学，于万历十一年

（1583）六月七日卒，享年八十六岁。

王畿最著名的观点是"四无说"。阳明在征思田前夕，曾提出著名的"四句教"。钱德洪恪守阳明的四句教，而王畿却认为四句教最多只是一种权宜的讲法而不是教的定本。他认为心是无善无恶的心，那么意也就是无善无恶的意，知也就是无善无恶的知，物也就是无善无恶的物。这就是王畿的著名的"四无说"。阳明的四句教，以心体为无善无恶，以意为有善有恶，以知为知善知恶，以格物为为善去恶，其宗旨是以诚意、致知、格物之功，而渐回复心本体。但在理论上的问题是心体既然无善无恶，作为心之所发的意又何得有善有恶？源既清而流从何而浊？虽然阳明的心是指心本体，不是指作为潜在意识的心，但因阳明当时起征思田，没有明确的解释，这就给后学留下了问题，可以说王畿的"四无说"即是从阳明的无善无恶心之体说自然推衍而来。

王畿的"四无说"虽然是从阳明的四句教推衍而来，但与四句教根本不同。阳明的四句教虽然主张心体无善无恶，但其重心，是在知善知恶，为善去恶。阳明以此去回复心本体，他所注重的是功夫。而王畿的"四无说"以心、意、知、物都无善恶，其用意在于直接切入本体，在心上立根，而不注重经由后天的格致诚正之功。这样在"四无"论里，言意、言知、言物其实并无多少意义，这是王畿大异于阳明的地方，诚所谓差之毫厘，失之千里。

正由于王畿注重本体而讳言功夫，认定本体就是功夫。所以在良知问题上，他只强调良知的见在性，即良知当下现此，不需修为。王畿的这一观点，显然和阳明不同。阳明虽然认为良知人人皆有，见父自然知孝，见兄自然知悌，见孺子入井自然知恻隐，而不论是尧舜还是愚夫愚妇。但是又认为圣人没有私欲障碍，能充其良知，或者说能致其良知，而愚夫愚妇一类的常人，难免为私欲物欲所蔽，不能致其良知，所以圣凡不同。显然，阳明是并不认为良知是现成见在的，它由微而著，而隐而显，以人的资质不同，所下的功夫的深浅不同，作为一个过程而展开。所以，阳明说人人皆有良知，千古恒同，无论圣愚都是如此，这是就良知潜在的意义上说的。这一潜在的良知是人成圣成贤的内在根据，只有对这一潜在的良知加以致之之功，良知才由潜在变为可见，成圣的可能性才变为现实性。所以良知只能说是本有，而不能说是现成，如果是现成，又何得圣愚之分？又何须致之之功？故王畿由"四无说"推导出来的良知现成论，虽然不离阳明良知说宗旨，但已与阳明的良知说不同。

王畿主张良知现成，这与禅学很相近。禅以不思善不思恶为本来面目。明心见性，顿悟成佛。王畿只强调心无善恶，直接切入本体，讳言功夫，这就把阳明的良知说直接导向了佛禅。所以在明末清初，王畿受到当时学者的激烈批判。

江右王门

这是指活动于江西的王门后学。江西是阳明生前主要的活动场所，因而阳明江西的弟子也最多。从成员成分上说，与浙中王门一样，江右王门多数是社会上层知识分子，大部分出身于进士，其中有些人官还做得很大。江右学派人数众多，但学术观点并不一致。所谓江右学派，也只就地域而言，并非是在学术上有一个统一见解的学派。但其中也有不少卓然自立，在王学中能自成一家之言的人物，其中的代表就是聂双江和罗念庵。

聂双江和罗念庵都不是阳明的及门弟子。双江名豹，江西永丰人，明正德年间进士。阳明在越讲学，双江因服膺王学，到越见阳明，此后以书问学，未再见面。阳明死，双江在苏州做官，以钱德洪等人为证，设位北面而拜阳明，称门生。

罗念庵名洪先，江西吉水人，嘉靖八年进士。阳明讲学虔台，念庵向慕不已，后《传习录》印行，读之废寝忘食，欲往虔台见阳明，因父母力阻，未能成行，所以在王门，只称后学而不称门生。后与绪山共定阳明年谱，以绪山龙溪为证，拜阳明为师，在谱中改称门人。

双江和念庵被称为归寂派。所谓寂，相对于感而言。寂感的提法，语出《易·系辞上》，寂谓不动的本体，感谓感物而起的发用。在人们通常的理解里，寂即《中庸》所谓的"未发"之性，感即《中庸》所谓的"已发"之情。在阳明的良知学说里，是认为良知是浑然一体的，无分于寂和感，"未发"和"已发"，而双江和念庵，则不把良知的寂、感，"未发""已发"看成是一体，而只认寂或"未发"为良知，不认为感或"已发"也是良知。他们显然也崇阳明的良知说，而在良知的本质规定上，已与阳明有所不同。

由此，双江和念庵多主张归寂。所谓归寂，也就是在修养方法上主静的功夫。双江在蒙冤系诏狱时，身不离其睡的床，视不出门户，决然自守，在闲久静极之中自悟心体。出狱以后，凡与学者论学，便教以静坐法。而念庵曾辟石莲洞而居，整日默坐，三年不出户。王龙溪听说以后，担心他专守枯槁，就到松原访问他，本想加以劝说，但一见当时情景，知道没有作用，只好嗟叹而回。

双江、念庵的归寂，虽说与王畿的良知现成说在本质上无多大区别，但由于王畿是直入本体，讳言功夫，而双江、念庵的归寂则是一种功夫，所以他们反对王畿的漠视功夫，并曾与王畿反复往来辨论，而谁也说服不了谁。

应该认为，双江、念庵的归寂说，虽源于阳明，但实际上不同于阳明。阳明早年曾一度主静，但自揭致良知之教后，就不再教人静坐了。所以双江、念庵的归寂，虽于阳明学说中有所依据，但其所继承的，毕竟不是阳明学说的主导方面，从这一点上说，亦不能说双江、念庵无失师门之教。

泰州学派

泰州学派活动在江苏泰州地区，以在社会下层传播王学，主张百姓日用即道即良知为特点。泰州学派的创始人王艮，江苏泰州安丰场人，比阳明小十一岁，原名王银，师事阳明以后改名王艮。王艮出身于社会下层家庭，父亲守庵是安丰场煮盐的灶丁。他幼年曾上过四年私塾，辍学后奉父命在山东经商，贩卖私盐，所以他自称是"鄙民"。王艮以其聪明颖悟和好学精神，青年时于经商之余，熟读了不少儒家经典，打下了学问的基础。

王艮在三十八岁时，听说阳明在江西豫章传良知之学，大感兴趣，即买舟南下，以二诗求见阳明。得到阳明的赞赏，收为弟子。嘉靖七年（1528），阳明卒于师，王艮迎丧至桐庐，又约同仁经理王家。后返泰州，开门授徒，一时学者云集，遂形成一个很有影响的学派。

泰州学派的重要人物还有王襞、王栋、徐波石、颜山农、罗汝芳、何心隐、周海门等。其人员成分比较复杂，既有社会上层知识分子，又有社会下层人物，而以多数成员来说，都是处于社会下层的人物，其中不乏田夫野老、樵夫陶匠，如朱恕是樵夫、韩贞是陶匠、聂廷美是田夫。在一个学派里，有那么多的社会下层人物参与，这在古代是少见的。虽然现代学者对泰州学派褒贬不一，但泰州学派的出现，明显的是我国封建社会里学术文化的下移现象，具有进步的意义。

泰州学派的主要理论观点是百姓日用即道即良知。所谓百姓日用即道即良知，是说普通百姓日常的生产和生活，即体现圣人之道，体现良知。王艮说"圣人之道无异于百姓日用，凡有异者皆谓之异端"，就是这一意思。

由于强调百姓日用即道，泰州学派的人物也就随之肯定百姓的物欲。如王艮突出安身尊身。安身尊身当然必须要有一定的物质生存条件。所以王艮虽然还宣传阳明的理欲观，认为王道是存天理去人欲，但在事实上，他已转向承认人欲的合理了，认为人如果没有物质欲望的满足，就谈不上安身，既不安身，也就无所谓道了。

至于泰州学派的重要人物何心隐，更肯定欲是人性的本然要求，可以寡而不可无，要在与百姓同而不能私。他否定了自宋周敦颐以来的存天理去人欲，而重申孔孟寡欲说，认为君子对己要寡欲，而对百姓之欲则要育，表现了对欲的关注和重视。

在这里值得提出的是泰州学派人物的良知自然论和纯任自然的作风。由于以百姓日用即道即良知，他们也就随之认为良知本来具足，不用修为，率性而行，众善自出，纯任自然，即是圣人之道。在这一点上，他们无疑是有道家的气息。但与道家不同，他们所说的自然是人伦之道的自然、良知的自然，而不是道家的自然道或生物学上自然心的自然。

在这种思想的指导下，泰州学派的人物都有率性而行的狂士特征。嘉靖六年，王艮依古制，自造招摇车，上标"天下一个，万物一体。入山林求会隐逸，过市井启发愚蒙。遵圣道天地弗违，致良知鬼神莫测"等语，北行讲学，所到之处，耸动视听，以至都下人士观者如堵，直至惊动最高统治者。罗汝芳守宁国，召集诸生会文讲学，又令讼者将双足交叠而坐，敛目观心，并以库藏财物馈遣犯罪，一时归者如市。朱恕樵薪养母，好为浩歌之行，虽穷却晏然自得，官府数召，只是避见。韩贞以陶为生，虽居破窑，箪瓢屡空，年三十还不能结婚，犹不在意。后在王襞门人的捐助下结了婚，妇初来之日，余一二裙布，即尽数分给所亲。颜山农读经书不能句读，识字亦不多，而好为奇邪之谈，后为官府所捕，受到毒刑，既不哀祈，也不转侧。何心隐被捕不跪抚臣，被痛打一百，一笑而已，门人涕泣进酒食，亦一笑而已。泰州学派人物的这种为人行为，类于魏晋时期阮籍、嵇康的任自然。

总之，泰州学派是一个在社会下层传播王学的学术流派，因其扎根于社会下层的农工商贾之中，就不能不偏离王学的固有轨道。他们通过把良知和百姓日用、愚夫愚妇能知能行相联系，即使良知摆脱了名教的羁绊，而变成寻常百姓的谋生心和生存心，所以泰州学派的人物，鲜谈存理去欲，而是认欲为理，率性而行，纯任自然，或狂荡不羁，从而与封建名教发生了抵触。黄宗羲指出其"遂复非名教之所能羁络矣"，是符合实际的。

三、王学在后世的影响

在国内的影响

王学在清初，因其自身负面因素的积累，受到众多学者的批判和冷落，它渐渐地衰落了。但是，这绝不是说，它在思想史上已经销声匿迹。大凡历史上一种蔚为大观的学术流派，在它衰落以后，作为思想资料，常常要被后人摄取和吸收，它的某些命题，在后世也会时常复活，王学在近代以来的情况，就是如此。

中国的近代是一个苦难的时代。鸦片战争后，清帝国已充分暴露了它的腐朽无能和溃烂。西方列强互相勾结又互相争夺，使中国很快沦为半殖民地半封建社会。为了挽救深切的社会危机，中华民族的爱国之士奔走呼号，或呼吁改革，或倡议维新，或发动革命，各种思潮层出不穷，学术思潮相当活跃。但是无论是地主阶级的革新派，或是资产阶级改良派和革命派人士，由于脱离人民群众，看不到变革社会的物质力量，在哲学思想上，他们都不同程度地夸大了心力即精神的作用。因此，心力论成了近代哲学发展的主线。由于这一原因，就使众多学者在吸收传统思想时，与阳明的思想和王学发生了深深的契合。

魏源是近代革新派人士，在哲学上，魏源虽然比较复杂，但心力论的倾向是明显的。他认为常人皆知心在身中，而不知身亦在心中，并以人为天君，神明之所出，不适当地夸大了心的作用。魏源还阐扬了意之所在即是物的观点，认为意之所构，一念一虑都是物，这与阳明说的"意之所用，无有无物者"，不仅在意思上，而且在词句上也是相同的。在哲学世界观上，魏源作为近代哲学的先驱者之一，明显地受到阳明思想的影响。

维新派的著名代表人物康有为、谭嗣同、梁启超等人也同样受到王学的影响。康有为服膺陆王心学，他认为宋明发挥心学，于士大夫确有所补。在哲学思想上，康有为虽然继承了古代元气论的观点，但以爱力或仁释元气，所以他又以仁爱为万化之源。他主张救亡在发扬心力。在康有为的哲学思想里，我们既看到古代元气论的影响，又看到了陆王心学派的痕迹。

谭嗣同的思想比康有为激进，对封建纲常伦理进行激烈的批判，提出"冲决一切网罗"的口号。但在哲学思想上，谭嗣同与康有为是同一路向，他虽以"以太"为宇宙本体，认为地因以太而凝聚，身因以太而粘彻，天河星团因以太而吸引，微生物因以太而浮寄，动植物因以太而异性。但他又把以太等同于仁，等同于心力，所以他又认为"一切唯心所造"，强调心力成就一切，毁灭一切。谭嗣同的这些观点，与康有为一样，受陆王的影响是明显的。

梁启超更对陆王称颂不已，他称颂阳明为"千古大师""百世之师"，认为阳明先生在哲学上有极高超而且极一贯的理解，他的发明力和组织力，比朱子陆子都强。梁启超一生尊崇良知，不遗余力地阐扬阳明心学，把有无良知作为划分人禽的界线，故他赞同阳明的致良知功夫。梁启超又服膺阳明的知行合一之教，认为阳明的知行合一论，是最有永久性的价值和最适合于现代潮流的一个口号。1926年底，梁启超在北京学术讲演会及清华学校讲知行合一论，指出朱熹的格物致知说的弊端，是分知行为二，而现代学校的弊端，亦在分知分行，把学校变成一个知识贩卖所，学生即令学得最好，也与宋儒高谈封建井田无异，只管说不管做，修养身心，锻炼人格的学问，几乎等于零。故要克服朱子学说的弊端，纠正现代学校教育脱离实际的弊端，就要依着阳明先生的知行合一之教去做。可以说，在维新派人士中，梁启超是受王学影响最深的一个人。

章太炎亦深受王学的影响，他把阳明与孔门的子路相提并论，给予高度的评价。太炎先生后期提出自贵其心说，并把自贵其心看成是中国哲学的传统，认为自孔子至程朱、陆王、颜（元）李（塨），虽然虚实不同，而自贵其心，不援鬼神则同。他的这一思想，固然是受了佛学的影响，但受阳明心学的影响，亦是明显的。

至于现代新儒学，受阳明的影响更为深刻。现代新儒学有新理学和新心学的区别，而以新心学为主流，在如今为学者公认的十多位新儒学的代表人物中，只有冯友兰等是属于新理学一派，其余诸人，如梁漱溟、熊十力、唐君毅、牟宗三、贺麟等人，无一例外是属于新心学一派。

梁漱溟和熊十力可以说是新儒学第一代人物，他们都称颂阳明和王学。梁漱溟认为，孔子的精神在汉唐没有真正地被继承，因为汉唐之儒皆注重外在的原则，宋儒虽有所好转，亦不得孔子之旨，只有阳明及其弟子出，孔子的精神才被发扬光大。在哲学上，梁漱溟认为意欲是人类社会发展的动力，人类以其意欲的不同而有不同的社会类型和文化类型。梁漱溟所说的意欲，即西方哲学家柏格森所说的生命，中国孟子和阳明所说的良知。

在学风上，梁漱溟受王学的影响亦同样明显。王艮开创的泰州学派，在社会下层传播王学思想，具有把王学平民化、大众化的倾向。梁漱溟受泰州学派的启示，一生重视乡村建设，认为只有从事乡村建设实践，才是中国农村的出路，并且亲自在山东邹平从事乡村建设实践，企图以此开辟一条解决中国农村问题的途径。

熊十力也一样。他称赞唯有阳明之学才是儒家的正脉。熊十力的主要哲学命题是体用不二。所谓体用不二，是说本体和功能是一个东西而不是两个东西。这种观点，就其理论渊源来说，是阳明的"体用一源"思想的发展。熊十力的性修不二亦深受阳明的影响。所谓性修不二，即人的先天本性和修养功夫是统一而不是分裂的。人以其有天然具足的本性，故能成善，又以其能尽到人力，从而使天性显现，熊十力的这种观点，亦是阳明"即功夫即本体"思想的发展。

继承梁、熊这一思想传统，现代新儒家的第二代人物唐君毅、牟宗三等人亦无不吸收陆王派的思想。唐、牟等人都把心性之学看成是中国文化的核心或精髓，这就不能不决定他们在吸取中国儒家思想时，特别注重陆王派的思想。

唐君毅虽不贬朱扬王，而是企图汇通朱陆和阳明，但他以陆王为宗又是显而易见的。在哲学思想上，唐君毅提出心境相即的命题，一方面是心感通境，另一方面是境感通心。有何境必有何心起而相感，而有何心，亦必有何境起而相应。故心境俱开俱阖，俱起俱息，彼此相即不离。心以其活动方式的不同，相应而起的也就有九境的不同，而九境以其返本归源而言，亦可回归于一念。阳明虽十分强调心物的感和应，认为不能在心外求理，亦不能遗物理而求吾心；在唐君毅的哲学体系里，我们是不难看出阳明心物、体用理论的影响的。

牟宗三则更进一步，贬程朱而扬陆王，认为陆王是宋明儒学的正宗，而程朱则只是旁支。在哲学思想上，牟宗三以陆王的良知本体为依据，掺杂康德的自由意志，构建了他的心性本体论。牟宗三不仅要在中国文化中为儒学争正统，而且要在儒学中为陆王争正统。

与牟宗三相类似，贺麟亦以陆王为中国哲学的正宗，且把自己的哲学命名为新心学，在《当代中国哲学》一书中，贺麟认为弘扬陆王心学是中国哲学进步的标志。他称颂阳明的知行合一之教，"不唯是王阳明在中国哲学史上的伟大贡献，而且也是关于知行问题中外古今哲学家最根本的见解"。

贺麟一直阐扬阳明的心物合一、心理合一，他把物从属于心，心物二而一。贺麟所谓心，其实也就是理，即一种超验的精神原则，如此，心物合一，亦即心理合一。贺麟的这些观点，都是承袭阳明的心外无物、心外无理的观点而来。值得提出的是贺麟的知行合一新论，他继承和发展阳明的知行合一论，从心理生理的角度释知行，以一切意识活动释知，以生理活动释行。他还提出知行合一包含着四种意义，旁采西方斯宾诺莎身心合一的理论，引申和发挥了阳明知行合一的观点。于此，可见贺麟受阳明思想影响之深。

总之，现代新儒家的大宗是新心学。这一新心学在当代，特别是海外依然有着很大的影响。

在国外的影响

17 世纪和 18 世纪，王学在国内受到空前的冷落和批判。但与国内形成鲜明对照的是，在东邻日本，王学却受到空前的重视。此一时期的日本，以幕府为中心的封建领主为了巩固统治，在加强武力的同时加强思想统治，奉从中国传来的朱子学为官学。但是，殖着幕府制在经济政治上的动摇，异端思想开始发展，阳明学即作为与官学相对立的异端而崛起，其间派别众多，思想活跃，学者辈出，因此为日本近代史上著名的明治维新铺平了思想道路。

日本王学的发展，一如张君劢在《比较中日阳明学》中所提到的，有三个时期。第一个时期的代表人物是中江藤树（1608~1648）及其门人。藤树原来信奉朱子学，后读龙溪语录，对王学发生兴趣，三十七岁时购得阳明全书，读之深相契合，因此舍朱子而归阳明。

藤树学主良知，尝引古人语说："良知者生前随身之规矩，死后随身之资粮。"依着阳明的思想传统，藤树解《大学》，亦把物解释为事，知为良知，致知为致良知。藤树修身行己，以诚意为本体，以格物为功夫，以慎独为要领。所作《知止歌》说："万欲纷扰中，止体常寂然。小人掩不善，良知不玄灭。或闲坐静室，或对境接人，反求吾心里，时常择此真。如未有所得，先致其良知。良知发见时，慎思明辨之，气机虽发动，

145

仁即定静安。"看得出来，藤树的本体论和功夫论都是阳明的思想路向。

　　藤树虽在归宗王学后四年即去世，但由其开创的日本王学却绵延不断，蔚为大观。藤树的门人熊泽蕃山（1619～1691）和渊冈山（1617～1686），继承了其师藤树的思想，继续推进王学。蕃山在从政期间，不遗余力地取缔佛教和耶稣教，提倡儒教。蕃山的思想虽然也有取之于朱子的，但取之于阳明则是其思想的主流。他阐扬良知说："良知无心以爱敬为心，良知无体以无欲为体，良知无知以无知为知。"蕃山的这些思想都是依藤树的思想加以发展的。渊冈山的学术宗旨亦在绍述藤树学说。他折服阳明的致良知学说，认为"良知所照，在我左右，尚有何事之足惮哉"。渊冈山还特别注意区分良知与意，认为意知虽同出而谬以千里。私意盛则良知暗，良知明则私意消。为了阐扬王学，渊冈山还创建学舍，其学生遍及京都、江户、会津等地，极大地推进了王学的流播。

　　第二时期的代表人物是三轮执斋（1669～1744）。执斋由藤树遗书而入王学。他的老师佐藤直方力主程朱，而执斋却违师教归向王学。为此，直方与他绝了交往。执斋称颂阳明"得心传于同然，指圣功于良知，德业辉于当世，余训流于万邦"，创明伦堂教授王学。执斋又翻刻《传习录》，加以标注，宣传阳明致良知思想；又作《大学讲义序》，宣传古本《大学》的思想；作《四言教》，解释无善无恶心之体；作《朱子晚年定论答或人书》，为阳明颠倒朱子早晚年辩护；又作《日用心体》，阐明心法是尧舜孔孟一贯相传之道；传录《藤树先生全书》，传播藤树读阳明书的感悟，如此等等，使王学在朱子学包围下得以流播和光大。

第三时期是王学发展的极盛时期，代表人物是佐藤一斋（1772~1859）和大盐中斋（1794~1837）。一斋是日本王学大家，出身世家，幼好骑射，后事儒学。一斋推重阳明，认为他的《拔本塞源论》《尊经阁记》是古今独步，并著书据阳明而难朱子。在哲学理论上，一斋主张"理气合一""知行合一"，认为由主宰而言谓之理，由流行而言谓之气，二者合而为一。学者辄分而为二，不免支离之病。又力主良知，以视察为良知之用，以行而真知为知，不行而徒知为不知，以实实在在的真知为良知本体。又主天地万物一体，水气结而为鱼鳖，山气结而为禽兽，地气结而为人类。又主张形神二元，区分真己和躯壳的己。一斋的这些观点，都是导源于阳明的《传习录》。

一斋的门人众多，其中不乏佼佼者。门人佐久间象山（1811~1864），为日本幕府末期的王学学者。他笃信阳明学说，并把王学和科学及兵学加以融会贯通。门人山田方谷（1805~1877），在一斋门下学成归藩，开馆授徒，弟子众多。他发展了王学中的事功思想，在日本很有影响。一斋的再传弟子，大都成为明治维新的中心人物。

特别值得提出的是大盐中斋。中斋三十七岁致仕后，以王学为指向，专事讲学著书。在哲学上，中斋把良知释为太虚，说："阳明王子之学，要在致良知，而良知二字出孟子，孟子之良知，出易之乾知，孔子之言，乾知非他，天之太虚灵明而已矣。"中斋强调良知即太虚，即是强调良知是万物的本体，以其无形无象，故谓之太虚。由此，中斋提出心归太虚的命题："不心归乎太虚，而谓良知者，皆情识之知，而非真良知

147

也。真良知者非他，太虚之灵而已矣，非知道者孰能悟之。"
心归太虚，即心归良知本体，做到像太虚一样了无一物，无私
无欲无我，而又涵合万物，心存天理。中斋勤于著述，著有
《古本大学刮目》《洗心洞札记》《儒门空虚聚语》《增补孝经
汇注》等书，记述王学。天保七年，日本发生著名的大饥馑，
中斋痛恨为富不仁，在奏请赈灾无效后，组织学生发动灾民暴
动，事败自杀。

　　日本近世的王学，朱谦之的《日本的古学及阳明学》有详
尽的叙述。其作为一种学术思潮，虽然是日本社会经济、政治
的产物，但在理论渊源上，显然是植根于阳明心学的。由于王
学主张万物一体、知行合一、心理合一、修身行己、事上磨
炼，简易直接，适应了日本德川时代志士仁人要求变革社会的
需要，使王学于17、18世纪在中国被摈弃之时，却在海东日本
国盛行起来。中日不少学者都认为王学是推动日本明治维新的
原动力，并非虚语。

　　比较起来，阳明在欧美等地的影响不及日本之大。但自近
世以来，亦有渐渐扩大的趋势。1960年，《大英百科全书》列
朱熹和王阳明两项。1967年，美国哲学界编印《哲学百科全
书》，亦特设中国哲学一门，介绍王阳明和王学。《美国百科全
书》1969年版亦增加王阳明这一项。1965年，哥伦比亚大学
狄伯瑞教授设立明代思想研究组，聘请日本冈里武彦教授、美
籍华人陈荣捷教授等人为访问教授，指导研究生研究王学。
1965年复，美国学会联合思想委员会举行明代思想会议，集各
国学者于一堂，专题讨论阳明思想和王学问题。1966年，狄伯
瑞教授又主持明代思想讨论会。1970年，狄伯瑞又举办17世

纪中国思想讨论会。1972 年，在夏威夷又召开王阳明诞生五百年纪念会。可见西方世界对阳明和王学的研究亦日渐开展。

王学在欧美等地传播，首先要归功于在欧美的华人学者的努力，其中尤以陈荣捷和张君劢出力最多。陈荣捷 19 世纪 40 年代赴美执教于夏威夷大学及达慕思学院、彻谈慕学院，并兼任哥伦比亚大学教授。在半个多世纪里，在西方世界阐扬中国哲学，多次执笔《大英百科全书》中国哲学部分，介绍王阳明和王学。在西方世界所介绍论述阳明的专著专文中，陈荣捷发表的最多。他又把《传习录》译为英文，推动王学的传播。张君劢作为现代新儒学的代表人物与王阳明的心性学说深相契合。19 世纪 50 年代末 60 年代初，张君劢几度应邀出国，环球旅行讲学，阐扬包括王学在内的中国传统哲学。1957 年和 1963 年，他在美国分上下两册出版《新儒家思想史》，列专章介绍王阳明和王门流派，又多次在国际学术会议上宣读关于王阳明的研究论文，在西方世界产生较大的影响。

可以预言，随着中西方文化交流的日渐开展，王阳明和王学在西方世界的影响也将进一步扩大。

附　录

年　谱

1472 年（明宪宗成化八年）　生于浙江余姚县。

1482 年（成化十八年）　随父寓京师。

1488 年（明孝宗弘治元年）　在越，往洪都迎娶夫人诸氏。

1489 年（弘治二年）　偕夫人由江西回余姚。

1492 年（弘治五年）　在越，举浙江乡试。

1493 年（弘治六年）　在越，会试下第。

1496 年（弘治九年）　在越，会试下第，在余姚龙泉山结诗社。

1497 年（弘治十年）　寓京师，学兵法。

1498 年（弘治十一年）　寓京师，闻道士谈养生，有遗世入山之意。

1499 年（弘治十二年）　在京师，举进士出身，观政工部，上疏陈边务。

1500 年（弘治十三年）　在京师，授刑部云南清吏司主事。

1501 年（弘治十四年）　在京师，奉命审录江北，游九华山，访道人蔡蓬
　　头等人。

1502 年（弘治十五年）　告病归越，筑室阳明洞，行导引术。

1503 年（弘治十六年）　在越，悟仙佛之非，复思用世。

1504 年（弘治十七年）　在京师，秋主考山东乡试，九月改兵部武选清吏
　　司主事。

1505 年（弘治十八年）　在京师，开始收徒讲学。

1506 年（明武宗正德元年）　在京师，上疏救戴铣等人，下诏狱，谪龙场
　　驿驿丞。

1507 年（正德二年）　在越，赴谪所至钱塘。

1508 年（正德三年） 在贵阳，至龙场，悟圣人之道，吾性自足，撰《五经臆说》，筑龙冈书院、何陋轩、君子亭。

1509 年（正德四年） 在贵阳，受提学副使席书聘，主讲贵阳书院，倡知行合一。

1510 年（正德五年） 在江西，谪满升庐陵知县。十一月入觐，升南京刑部四川清吏主事。

1511 年（正德六年） 在京师，调吏部验封清吏司主事。十月升文选清吏司员外郎。

1512 年（正德七年） 在京师，升考功清吏郎中，升南京太仆寺少卿，便道归省，时徐爱升南京工部员外郎，二人同舟归越，论《大学》宗旨。

1513 年（正德八年） 在越，至滁州，督马政，以官闲地僻，门人大进。

1514 年（正德九年） 在滁州。升南京鸿胪寺卿。

1515 年（正德十年） 到京师。

1516 年（正德十一年） 在南京，升都察院左佥都御史。其时南赣汀漳等地农民起义，兵部尚书王琼特举阳明巡抚南赣汀漳等处。

1517 年（正德十二年） 至赣，二月平汀漳之乱。四月班师奏设平和县，十月平横水、桶冈之乱。十二月班师，奏设崇义县。

1518 年（正德十三年） 在江西，正月征三浰，四月班师，奏设和平县。七月刻《大学》古本、《朱子晚年定论》，门人薛侃刻《传习录》。

1519 年（正德十四年） 在江西，奉敕勘处福建叛军，至丰城，闻宁王朱宸濠反，遂返吉安，起义兵。七月俘获宁王，宁王乱平。

1520 年（正德十五年） 在江西，以武宗身旁小人诬陷，命系一线。上疏自劾。

1521 年（正德十六年） 在江西，揭致良知之教。武宗崩，世宗即位后，归余姚省祖茔，封新建伯。

1522 年（明世宗嘉靖元年） 在越讲学。父龙山公卒，年七十。

1523 年（嘉靖二年） 在越讲学。

1525 年（嘉靖四年） 继续在越讲学。夫人诸氏卒。

1527 年（嘉靖六年） 继续在越讲学，六月被命为都察院左都御史，征广西思田。九月发越中。十一月至梧州开府。

1528年（嘉靖七年）　在梧州，二月平思田，七月袭破八寨、断藤峡。十月以疾上疏告归，未报。十一月回越，二十九日卒于归途中的南安。

主要著作

阳明的著作，有《传习录》《文录》《文录续编》等。《传习录》分上中下三卷。上卷是同徐爱讲论《大学》宗旨，为门人徐爱、陆澄、薛侃所辑。正德十三年（1518）由薛侃初刻于江西赣州。中卷是与友人论学书，由门人南大吉所辑，后经钱德洪改编，嘉靖三年（1524）由南大吉初刻于绍兴。下卷是与门人的谈话，由门人采集，钱德洪编定，其主要部分于嘉靖三十三年（1554）刻于宁国水西精舍。嘉靖三十七年（1558），胡宗宪刻《传习录》，首次将三卷合刻。

《文录》有正录五卷，外集九卷，别录十卷，为钱德洪编定。正录纯是讲学明道之文；外集为诗赋及其他文章；别录为疏奏和公文。《文录》初由邹守益于嘉靖六年（1527）九月刻于广德，后经钱德洪收集扩充，正式分为正录、外集和别录三个部分，由闻人诠于嘉靖十四年（1535）刻于苏州，嘉靖三十六年（1557），又由唐尧臣重刻于杭州。

《文录续编》为钱德洪所编，内容包括《文录》编刻以后新收集到的遗文。有作于弘治初的《上国游》，成书于嘉靖六年（1527）的《大学问》，写于正德三年（1508）的《五经臆说》以及部分序、书、记、疏等。于嘉靖四十五年（1566），为嘉靖知府徐必达所刻。

隆庆六年（1572），侍御谢廷杰汇集阳明以上著作，并汇同钱德洪所编的《阳明先生年谱》及王正亿编辑的《世德纪》及阳明友人所写的阳明先生墓志铭、行状、祭文等，名为《王文成公全书》，编为三十八卷，予以付梓。钱明先生《阳明全书成书经过考》考定甚详。

1991年浙江社会科学院吴光、钱明、董平、姚延福等人在旧刊《王文成公全书》三十八卷的基础上，增补编辑成《王阳明全集》上下册，全书共四十一卷，于1992年12月在上海古籍出版社出版，这是迄今阳明著作最完整的本子，颇便读者阅读参考。